Gino Leineweber

HEMINGWAY
WIE ALLES BEGANN

KINDHEIT UND JUGEND IN MICHIGAN

VERLAG EXPEDITIONEN
Bibliografische Information der Deutschen Nationalbibliothek:

Die Deutsche Nationalbibliothek verzeichnet diese Publikation in der Deutschen Nationalbibliografie; detaillierte bibliografische Daten sind im Internet über http://dnb.dnb.de abrufbar.

© Verlag Expeditionen 2021
Gino Leineweber
Hemingway – wie alles begann
3. Auflage
Cover: Manfred Kubowsky, Birgitta Sjöblom
Redaktion: Sabine Witt
Printed in Germany

ISBN: 978-3-943863-22-2

Hemingway
Wie alles begann

Kindheit und Jugend in Michigan

Vorwort

Im Jahre 2008 las ich seit langer Zeit wieder ein Buch von Ernest Hemingway. Ich hatte ein gespaltenes Verhältnis zu ihm. Der männlichste aller Männer, der Jäger, Fischer, Abenteurer, Alkoholiker. Aber auch ein begnadeter und berühmter Autor. Was ich mochte, besser gesagt, liebte, waren seine Bücher. *Wem die Stunde schlägt* habe ich als Jugendlicher mindestens dreimal gelesen. Die 750.000 Exemplare der Startauflage des Romans waren wenige Tage nach seinem Erscheinen ausverkauft. Das schien ihn allerdings wenig zu interessieren. Martha Gellhorn, seine dritte Ehefrau, die heute als eine der fähigsten Kriegsberichterstatterinnen angesehen wird, sagte, er nehme überhaupt nicht wahr, dass er das große Stadtgespräch sei und gehe nur auf Entenjagd.

Während Hemingway das Buch verfasste, hatte sie sich, obwohl noch nicht mit ihm verheiratet, als liebe- und aufopferungsvolle Hausfrau gezeigt und gleichzeitig Lektoratsarbeit geleistet. In einem Brief schrieb sie: „Letzte Nacht hab ich den Schluss des Buches von E. gelesen. Er ist wie ein Tier bei seinem Schreiben. Alles bewahrt er in einer Schublade in seiner Nähe auf, versteckt es unter anderen Papieren, zeigt es niemals her und kann es nicht ertragen, darüber zu sprechen. Das Buch ist natürlich ein Wunder, bei weitem das beste Buch, das er je gemacht hat und wahrscheinlich eines der besten Bücher über den Krieg aller Zeiten."[1]

Als ich im Mai 2008 zu einer Reise in die USA aufbrach, hatte ich das Buch *Martha Gellhorn – Ausgewählte Briefe* dabei, herausgegeben von Caroline Moorehead. Ich war durch eine Rezension darauf aufmerksam geworden. Die Briefe richteten sich an unbekannte, aber auch bekannte Persönlichkeiten wie Eleonore Roosevelt, H. G. Wells oder Leonard Bernstein, aber mein Hauptinteresse galt den Schreiben an Hemingway, die ich in diesem Buch erwartete. Dass ich seine testosterongeprägte Lebensweise nicht mochte, hieß nicht, dass er mich als Schriftsteller nicht immer noch interessierte. Ganz im Gegenteil. Während meiner Jugendjahre waren die Buchläden voll mit seinen Büchern, und ich habe sie alle gelesen.

Und fand sie großartig. Martha Gellhorn hat das selbst nach ihrer Scheidung von ihm, 1945, noch so empfunden. Über das Buch *In einem anderen Land* schrieb sie: „Der Held spricht zu der Frau, die über irgendetwas besorgt ist, und er sagt: ‚Du bist mutig. Nichts ist jemals denen passiert, die Mut haben.' Das

---

1 Caroline Moorhead, *Selected Letters from Martha Gellhorn*, S. 90.

sagt irgendwie alles – eine ganze Philosophie, ein Banner, ein Lied und eine Liebe."

Die sensiblen Charaktere und Beschreibungen in Hemingways Texten blieben für viele dadurch, wie er sich im Leben darstellte, verborgen. Ein Beispiel aus einer Szene des Films *Ten Things I Hate About You* zeigt dies. In der Schule fragt der Lehrer, wie die Schüler das Buch *The Sun Also Rises (Fiesta)* empfunden haben. Zwei Mädchen äußern ihre (widersprüchlichen) Wahrnehmungen:

„Was denkt ihr über *Fiesta*?"

„Ich liebe es. Er ist so romantisch."

„Romantisch? Hemingway? Er war ein frauenfeindlicher Alkoholiker und hing sein halbes Leben mit Picasso herum, um auf dessen Partys Frauen abzuschleppen."

Als ich die Briefe von Martha Gellhorn an und über Hemingway gelesen hatte, verstärkte sich meine Ambivalenz. Aber das Schicksal meinte, sie mir austreiben zu müssen. Dazu ließ es mich ihn in West-Virginia wiedertreffen. Ich hatte dort in einem Gespräch erwähnt, nach Michigan fahren zu wollen, und mein Gesprächspartner, der von dort stammte, gab mir einige Tipps. Unter anderem sagte er, dass in einer bestimmten Gegend ein Fluss sei, über den Hemingway eine Kurzgeschichte geschrieben habe, „The Big Two-Hearted River". Ich hatte nie davon gehört. Sie sei, erzählte er weiter, in dem Erzählband *The Nick Adams Stories* enthalten. Auch davon hatte ich noch nichts gehört. Das Buch war 1972 und, in Deutschland 1981, lange nach Hemingways Tod, erstmals erschienen. Zu dem Zeitpunkt suchte ich nicht mehr nach Büchern von ihm. Jetzt kaufte ich es sofort.

Als ich es gelesen hatte, war mir klar, was ich als Nächstes machen würde. Die Geschichten spielten alle in Michigan, und Nick Adams war offensichtlich das Alter Ego von Ernest Hemingway, der dort seine Kindheit und Jugend verbracht hatte. Die Gegenden in Michigan waren meisterhaft beschrieben und erweckten in mir den Wunsch, sie aufzusuchen und mich auf Hemingways Spuren zu begeben. Was ich entdeckte, waren zauberhafte Landschaften und Orte. Auch gut einhundert Jahre später waren sie leicht aufzufinden und zu erkennen. Plötzlich erfüllte mich der Wunsch, mehr über Hemingway und seine Zeit in Michigan zu erfahren und vielleicht darüber zu schreiben.

Bei meinen Recherchen überraschten mich einige Ungereimtheiten in den biografischen Texten über ihn, und ich fand Hinweise darauf, welche Bedeutung seine Kindheit und Jugend auf sein Leben gehabt hatte. Einem Leben als herausragender Schriftsteller des 20. Jahrhunderts einerseits und einem als Angeber und Egomanen andererseits.

Dass Kindheit und Jugend für Hemingways Schreiben bedeutend waren, bestätigt auch der Literaturprofessor Malcolm Bradbury in seinem Vorwort zu

Hemingways bereits erwähnten Roman *In einem anderen Land*. Es stimme, schreibt er, dass die gradlinigen und scheinbar unpersönlich wiedergegebenen Erzählungen tief verwurzelt sind im Aufwachsen im Mittleren Westen, der Begegnung mit der rauen Natur in Michigans Wäldern und den Kriegserlebnissen mit seiner Verwundung in Italien.[2]

Davon handelt mein Buch und davon, dass sich mein Blick auf ihn verändert hat. Die Ablehnung seiner Persönlichkeit hat sich in Mitgefühl verwandelt.

Meine Teilbiografie seiner Kindheit und Jugend erscheint hier zu Hemingways 60. Todestag im Juli 1961 in seiner inhaltlich etwas überarbeiteten Neuauflage.

Gino Leineweber
Mai 2021

---

[2] Malcolm Bradbury Vorwort A Farewell to Arms, S. xii.

Kapitel 1

Wer wissen will, wie Hemingway zu dem wurde, was er war, der sollte die Kindheit und Jugend des begnadeten Schriftstellers kennen. Wer sich nur an seine außerordentlichen Geschichten über Hochseefischerei erinnert, an afrikanische Safaris und seine Boxleidenschaft, der kennt ihn nicht.

Wer wissen will, warum Hemingways Berufung so groß war, sollte sich auf dessen Spuren in ein Ferienhaus am Walloon Lake im Norden Michigans begeben. Wer Kuba, Key West in Florida und vielleicht noch das Spanien des Bürgerkriegs als die wichtigen Orte seines Lebens ansieht, dem bleibt derjenige verborgen, der ihn und sein Schreiben am meisten prägte.

Wer wissen will, wo und wie sich diese Merkmale im jungen Ernest Hemingway entwickelten, der sollte den von seiner Männlichkeit besessenen legendären Trinker, Frauenheld und Macho, Liebhaber von Box- und Stierkämpfen vergessen, und ihn in Horton Bay oder Petoskey erleben. Sollte ihn auf langen Autofahrten mit seinem Freund Bill zu Gewässern und Creeks begleiten, ihn in einer Hängematte liegen und lesen sehen. Dabei sein, wie er an heißen Tagen von einem der Bootsstege ins Wasser springt und im See schwimmt. Wie er den Wind in den Fichten spürt, wenn er barfuß Milch holen geht. Ihn beobachten, wie er im frühen Tageslicht über einen See rudert, über die Hügel wandert oder im Horton Creek Forellen angelt.

Dort ist die Gegend seiner ersten Lektionen in persönlicher Unabhängigkeit, Erfahrung, Vertrauen, Kraft, Mut und schriftstellerischem Talent. Dort lernte er zu fischen, zu jagen, zu trinken und Mädchen zu treffen und dort begann er, sich ernsthaft auf sein Schreiben zu konzentrieren.

„Oben in Michigan", wie eine Geschichte von ihm heißt, liegen seine Wurzeln, hier erhielt er seine Prägung. Seine Biografin Constance Cappel verglich ihn in ihrem Buch *Hemingway in Michigan* mit einem Zugvogel, der jeden Sommer zurückkehrt.

Ernest Hemingway stammt aus einem puritanisch geprägten Elternhaus. Sein Vater, Dr. Clarence Edmonds Hemingway, genannt Ed, war Arzt in Oak Park, einem Vorort von Chicago. Das Geburtshaus von Ernest in 339 N. Oak Park beherbergt heute die Ernest Hemingway Foundation und ist offen für Besucher. Im Gegensatz zum Wohnhaus ab 1906, ebenfalls in Oak Park, das heutzutage privat genutzt wird.

Dr. Clarence Hemingway heiratete im Jahre 1896 Grace Hall, eine künstlerisch veranlagte Frau aus einer wohlhabenden Chicagoer Familie, die gern eine große Opernsängerin geworden wäre. Ed war ein sportlicher Mann, der seine Freizeit fischend und jagend in der Natur verbrachte, während Graces Interessen mehr der Gesellschaft Chicagos und der Kunst galten.

Ernest, das zweite Kind der Hemingways, entwickelte kein besonders gutes Verhältnis zu seinen Eltern, für die „gut und böse", klar erkennbare, genau festgelegte Kategorien bedeuteten. Fehlverhalten wurde drastisch bestraft. Spielkarten und Tanz waren verpönt. Der sonntägliche Kirchgang war Pflicht für die Familie, wie es in Hans-Peter Rodenbergs *Ernest Hemingway Monografie* heißt.

Der Junge wuchs zu einem energiegeladenen jungen Mann heran, der bemüht war, der Enge seines provinziellen Elternhauses zu entfliehen, zu schreiben und die Welt nicht so zu belassen, wie sie war.

Im Herbst 1917 war für den am 21. Juli 1899 geborenen Ernest Hemingway die Zeit gekommen, seine Heimat zu verlassen. Er hatte sich dem Wunsch der Eltern widersetzt, nach der Schule aufs College zu gehen. Stattdessen war er durch Vermittlung seines Onkels Tyler, einem

Bruder seines Vaters, beim *Kansas City Star* als Reporter untergekommen.

Währenddessen wurde Amerika in den Ersten Weltkrieg hineingezogen, und Ernest wollte zum Militär. Durch einen Kollegen aus der Redaktion wurde er auf das Red Cross Ambulance Corps aufmerksam, bewarb sich und wurde angenommen. Er verließ Kansas Ende April 1918 und reiste mit seinem Freund Carl Edgar und zwei anderen Gefährten noch einmal nach Michigan, zu einem Angelausflug. Dort erreichte ihn per Telegramm die Nachricht, dass er sich am 8. Mai von New York aus nach Europa einschiffen müsse.

Hemingway wurde somit bereits als Heranwachsender mit Krieg konfrontiert. In dieser martialischen Situation fand er seinen Platz und Anerkennung. Als Second Lieutenant einer Sanitätsabteilung erhielt er eine schmucke Offiziersuniform der US-Armee, mit der er sich stolz ablichten ließ. Dass er nur dem Sanitätskorps beigetreten war, erschien ihm nach Außen offenbar zu gering, denn auf Fotos ist zu sehen, dass er das Rot-Kreuz-Abzeichen entfernt hatte.

Mit einem französischen Linienschiff, das den Namen seiner Heimatstadt Chicago trug, überquerte er 1918 den Atlantik. In Norditalien, zu Füßen der Dolomiten, wurde er als Fahrer eines Krankentransports eingesetzt.

Er hatte die Aufgabe, die verwundeten Soldaten aus den Bergen zu den Lazaretten zu fahren. Schließlich meldete er sich freiwillig, um mit dem Fahrrad zweimal am Tag an die Front zu radeln, um den Kameraden Zigaretten und Schokolade zu bringen. Bei einer dieser Gelegenheiten explodierte in seiner Nähe eine Granate, die einen Soldaten tötete und mehrere andere, darunter Hemingway, schwer verletzte. Er wurde für sein Verhalten im Anschluss an das Geschehen mit der silbernen Tapferkeitsmedaille der italienischen Regierung ausgezeichnet. In der Verleihungsurkunde heißt es unter anderem: „Ernest Miller Hemingway ... verantwortlich für die Ausgabe von Verschiedenem (Bedarfsartikel) an die italienischen Kampftruppen, bewies Mut und Selbstaufopferung. Schwer verwundet ... leistete er ... bevor er sich um sich selbst kümmerte, großzügig den durch dieselbe Explosion noch schwerer verwundeten italienischen Soldaten Beistand ..."[3]

In einem Brief an seine Familie aus dem Lazarett in Mailand schrieb Hemingway am 16. August 1918:

„Die 227 Wunden von dem Granatwerfer taten zuerst kein bisschen weh, nur hatte ich das Gefühl, meine Füße steckten in Gummistiefeln voll

---

[3] Kenneth S. Lynn, *Hemingway*, S. 99.

Wasser. Der Maschinengewehrtreffer fühlte sich auf meinem Bein bloß an wie ein harter Klatsch von einem eiskalten Schneeball. Trotzdem, er hat mich umgehauen. Aber ich kam wieder hoch und brachte noch einen Verwundeten zum Unterstand. Da bin ich dann irgendwie zusammengebrochen."

Als Hemingway aus Europa zurückkehrte, besuchte er wieder sein geliebtes Michigan, die Heimat seiner unbeschwerten Ferien. Seit seiner Geburt hatte er dort jeden Sommer verbracht.

Dieser US-Bundesstaat ist von vier der fünf großen Seen, die zwischen den USA und Kanada liegen, umgeben: dem Lake Erie, Lake Huron, Lake Michigan und dem Lake Superior, dem größten Süßwassersee der Erde. Der Name Michigan ist indianischen Ursprungs („mishigama") und bedeutet so viel wie „Großer See". Neben den großen verfügt der Staat über unzählige kleinere Seen. 60 % seiner Fläche besteht aus Wasser. Kein Einwohner hat es weiter als 10 Kilometer, um an einen See zu gelangen. Der Namenszusatz für den Staat, „Great Lakes State", ist nicht übertrieben.

Besonders ist auch, dass sein Festlandgebiet aus zwei Teilen besteht. Die Upper Peninsula und die Lower Peninsula. Der Norden der unteren und die obere Halbinsel wurden früher hauptsächlich für Holzschlag, Pelztierhandel und

Fischfang genutzt. Diese Zeiten sind seit Ende des 19., beziehungsweise Anfang des 20. Jahrhunderts vorüber. Seitdem leben die Menschen in der Gegend hauptsächlich von Landwirtschaft und Tourismus. Wenn auch Begleiterscheinungen des Massentourismus nicht ausgeblieben sind, wie beispielsweise auf und um Mackinac-Island, handelt es sich vor allem um Individualtourismus. Eine Form, die keine schwerwiegenderen Eingriffe in die Landschaft mit sich bringt. Der Staat verfügt über das größte Nationalparkgebiet aller amerikanischen Bundesstaaten.

Berühmt ist Michigan indes durch Detroit, das Zentrum der US-amerikanischen Autoindustrie. Dies liegt im Südosten der unteren Halbinsel, während die Spuren der Hemingways in den Nordwesten und teilweise die obere Halbinsel führen.

Sie verbrachten ab 1898 mit ihrem ersten Kind, der Tochter Marcelline, und später mit schließlich sechs Kindern, ihre Ferien dort. In einer Landschaft, die mit sanften Hügeln, Seen und Wäldern bezaubert. Sie waren dort ungestört von einem Ende des Schuljahrs bis zum Anfang des nächsten.

Mit Ausnahme allerdings des Vaters, der Geld verdienen musste und dessen Aufenthalten dadurch Grenzen gesetzt waren.

Dr. Hemingway und seine Frau waren von der Gegend um den Walloon Lake, damals noch Bear Lake, so begeistert, dass sie sich unverzüglich nach Land umsahen, das sie erwerben konnten, um ein Ferienhaus darauf zu errichten.

Bei einem Farmer, Henry Bacon, fanden sie, wonach sie suchten: etwa 4.000 Quadratmeter Land am See, auf dem sie ihre Ferien verbringen konnten. Das dort errichtete Cottage war einfach und gut strukturiert. Im Laufe der Jahre wurde es ständig erweitert. Im Wohnzimmer gab es einen großen Kamin. Öllampen spendeten des Abends Licht für Lesungen oder das Klavierspiel. Von der Veranda in Südwest-Richtung hatte man einen guten Blick auf den See und die Eltern auf ihre spielenden Kinder. Wasser kam per Handpumpe aus einem eigenen Brunnen. Die Toilette befand sich in einem kleinen Wäldchen hinter dem Haus. Birken, Zedern, Ahorn und Kiefern umgaben das Anwesen. Grace taufte es Windemere, nach einem See in England.

Das Leben spielte sich um, auf und im See ab. Sogar die Wäsche der Familie wurde in seinem Wasser gewaschen, und natürlich war er eine Quelle von Spaß und Unterhaltung. Es gab einen kleinen Sandstrand. Man schwamm und fuhr Boot. Dr. Hemingway brachte den Kindern das Schwimmen bei und verbrachte mit ihnen viel Zeit am See.

Er drillte sie mit Lebensrettungslektionen und unternahm Schwimmwettkämpfe, um sicherzustellen, dass die Kinder sich in diesem Element behaupten konnten. Über die Jahre hatten die Hemingways verschiedene Boote. Von Ruderbooten und Kanus bis zum 1910 erstmalig angeschafften Motorboot. Eine Spielkameradin der Hemingwaykinder, Marjorie Bump, von der in anderem Zusammenhang später noch ausführlich die Rede sein wird, erinnert sich: „Dr. Hemingway war ein wunderbarer Mensch, der leicht zu lieben war. Er hatte sanfte Augen wie der weichste Kaschmir, und aus ihren Tiefen strahlte Freundlichkeit. In einer stürmischen Nacht hatten wir ohne Erlaubnis eine Kanufahrt auf dem Walloon Lake unternommen und Dr. Hemingway schimpfte mit uns. Obwohl er uns mit strenger Missbilligung klar machte, dass wir uns in Gefahr begeben hatten, blieben seine Augen ausgesprochen freundlich."[4]

Ebenfalls unter der Anleitung von Dr. Hemingway lernten Ernest und seine Geschwister mit der Angel umzugehen. Dutzende von Familienfotos mit gefangenen Forellen, Hechten oder Barschen geben ein anschauliches Bild über den Erfolg seiner Unterweisungen.

---

[4] *Pip Pip to Hemingway*, S. 9.

Schließlich gehörte auch das Schießen zur Ferienbeschäftigung der Hemingways. Tontaubenschießen am Sonntagnachmittag stand fest im Programm. Aber nicht nur aus Spaß wurde geschossen, auch die Jagd gehörte ebenfalls zur Freizeit. Dabei hatte Dr. Hemingway an seine Kinder allerdings die klare Anweisung ausgegeben, dass kein Tier getötet werden dürfe, das man später nicht essen könne.

Das Ferienhaus war auch offen für Gäste und Feierlichkeiten. Familienmitglieder, einschließlich der Großeltern, und Freunde kamen für ausgedehnte Besuche. Wie beispielsweise am 4. Juli, dem amerikanischen Unabhängigkeitstag, der mit einem großem Barbecue gefeiert wurde. Eines der Kinder der Hemingways, nämlich Carol, wurde 1911 dort geboren.

Die Freude und Unabhängigkeit, die dort zu finden war, wurde nicht davon getrübt, dass das Ferienhaus gepflegt werden musste, tägliche Besorgungen zu erledigen waren und die Kinder angehalten waren, ihren Teil dazu beizutragen.

Trotz der zweifellos idyllischen Zustände während der Ferien berichtet Hemingway in *Ernest Hemingway on Writing,* seinem Buch über das Schreiben, von seiner Kindheit nichts Gutes:

Frage: „Was ist das beste frühe Training für einen Schriftsteller?"

Hemingway: „Eine unglückliche Kindheit."

Er fühlte sich in dieser Familie mit einer alles dominierenden Mutter und einem schwachen Vater unverstanden.

Was er als Bereicherung angesehen, was ihn glücklich gemacht hatte und ihn die Welt vergessen ließ, war die Natur: die Wälder und Flüsse Michigans. Und das Fischen und Jagen. Aber nicht das Leben in dieser Familie.

Kapitel 2

Die Erlebnisse in Michigan beeinflussten Hemingways Schreiben erheblich und wurden Teil davon. Bereits in jungen Jahren, in 1916/1917, verfasste er seine ersten drei Kurzgeschichten, die in der Schulzeitschrift *Tabula* veröffentlicht wurden. Ein Schriftsteller kann nur über seine eigenen Erfahrungen gut schreiben, sagt man, und der junge Ernest begann Geschichten zu gestalten, über Personen und Orte von Michigan, die er kannte.

In „Das Urteil Gottes" war es ihm ein Anliegen, über Natur und Gewalt zu schreiben, über den Konflikt zweier Männer nahe der kanadischen Grenze, der mit zwei Toten endet. Die beiden Trapper Pierre und Dick sind die Hauptfiguren der Geschichte. Pierre verdächtigt Dick, seine Brieftasche genommen zu haben. Er stellt ihm eine Falle, und als Dick geht, um eine Bärenfalle zu überprüfen, verfängt er sich in der Schlinge. Pierre allerdings stellt fest, dass Dick nicht für das Verschwinden der Brieftasche verantwortlich ist und will ihn befreien. Aber es ist zu spät. Dick ist den Wölfen zum Opfer gefallen. Das

Urteil Gottes besteht darin, dass Pierre sich anschließend selbst in der Bärenfalle verfängt.

Die zweite Geschichte „Eine Frage der Farbe" ist eher eine Anekdote denn eine Kurzgeschichte. Sie verfügt über keinen Spannungsbogen oder dramatischen Effekt, und man sagt, sie solle laut vorgelesen werden, um die Akzente, den Slang und die Pointe wirken zu lassen. Die Story handelt von einem Boxkampf zwischen dem weißen Montana Dan Morgan und dem schwarzen Joe Gans. Die Geschichte wird von Old Bob Armstrong erzählt, der Dans Manager ist. Dan wird vor dem Kampf verletzt und ist unfähig, seine starke Schlaghand einzusetzen. Er heuert einen kräftigen Schweden an, der, hinter einem Vorhang neben dem Ring stehend, Joe kampfunfähig auf den Kopf schlagen soll. Aber er trifft stattdessen Dan. Eine Frage der Farbe. Der Schwede ist farbenblind.

In der dritten Geschichte „Sepi Jingan" kommt erstmals, wie bei Hemingways nachfolgenden Kurzgeschichten häufig zu erleben, eine Person vor, die es tatsächlich gab, nämlich der Indianer Billy Tabeshaw, der später in dem Buch *The Nick Adams Stories* wieder anzutreffen ist. Sepi Jingan mag auf Erzählungen zurückgehen, die von Indianern stammen. Es ist der Name eines Hundes. Die Geschichte handelt von einem Indianer, der von einem anderen, Paul Black Bird, mit einem

Einreißhaken getötet wurde. Billy Tabeshaw setzt Sepi Jingan auf dessen Spur. Nach längerer Zeit trifft Billy den Mörder, wird aber von ihm niedergeschlagen. Weil Paul weiß, dass sie auf seiner Spur sind, bedroht er Billy mit dem Tod. Aber Sepi Jingan schleicht sich von hinten an Paul heran und tötet ihn. Anschließend legt Billy den Toten auf die Schienen der Eisenbahn. Er lässt es aussehen, als ob der Tote, wie es Indianern öfter passiert ist, betrunken auf den Schienen eingeschlafen wäre.

Hemingway hat in diesen drei Texten bereits Stil und Muster seines späteren Schreibens gefunden, wie Constance Cappel es bezeichnet. Alle drei Geschichten haben ein überraschendes Ende, und alle haben Michigan als Kulisse. In zweien erscheinen Indianer als handelnde Figuren. Selbst in diesen jungen Jahren wählte er bereits den Ort, der ihn für sein Schreiben am meisten beeinflusst hat. Dies ändert er sein Leben lang nicht. Die Erfahrungen, die Umwelt, die Ereignisse von Michigan lassen sich in vielen Schriften Hemingways erkennen. Oak Park oder Chicago hingegen, wo er überwiegend aufgewachsen ist, kaum.

Besonders deutlich wird der Einfluss in den Nick-Adams-Geschichten. Sie sind eine Sammlung von Kurzgeschichten Hemingways, die von seinem Alter Ego, Nick Adams, handeln und die in unterschiedlichen Ausgaben und zu unterschiedlichen Zeiten veröffentlicht worden sind. Das Buch in seiner heute vorliegenden Form erschien erstmalig im Jahre 1972 und nahm zusätzlich bis dahin unveröffentlichte Texte auf. Die zwischen 1922 und 1933 entstandenen Geschichten sortierte der Verlag chronologisch und teilte sie in fünf verschiedene Kategorien ein.

In der ersten Rubrik „Die nördlichen Wälder" geht es um Michigan. Hemingways Fähigkeit, eine Landschaft zu beschreiben, kann aus einer frühen Version seines Buches *Der Schnee auf dem Kilimandscharo* hergeleitet werden. Ein Satz eines sterbenden Schriftsteller darin lautet: *Über die Gegend, in der er als Junge lebte, hat er zur Genüge geschrieben. So gut er damals schreiben konnte.* Im Vorwort des Buches wird auf diesen Satz verwiesen und dazu heißt es dann: „Natürlich, der Schriftsteller war Hemingway. Die Gegend war das Michigan seiner Sommer als Kind, in die er sich als Nick Adams zurückerinnerte. So gut er damals schreiben konnte, war allerdings sehr gut."

Will man die Orte aufsuchen, die im Nick-Adams-Buch beschrieben werden, muss man in den Nordwesten Michigans in die Gegend um Petoskey reisen. Der Mittelpunkt ist Horton Bay. Den Ort und den Horton Creek, den kleinen Fluss, der um die Ortschaft fließt, finden wir bereits in der fünften Geschichte „Die Indianer ziehen fort". Zuvor ist von Petoskey und der Gegend darum herum die Rede. Während Horton Bay ein kleines Nest ist, handelt es sich bei Petoskey um die Hauptstadt des nordwestlich gelegenen Bezirks Emmet County. Er bildet mit Cheboygan County den nördlichen Teil der unteren Halbinsel Michigans.

Es ist dies die Gegend um den Walloon Lake, an dem das Cottage der Familie Hemingway lag. Das Anwesen wurde in 1905 um die Longfield Farm, auf der anderen Seite des Sees, erweitert. Ein Farmer betrieb das Land, aber die Hemingways arbeiteten in den Ferien mit darauf.

Ein Wunsch ging für Dr. Hemingway in Erfüllung, als er das 40-Acres-Land erwarb. Die Kinder sollten den Wert guter, ehrlicher körperlicher Arbeit erkennen, und darüber hinaus sollte die Farm die Familie während der Sommermonate versorgen. 1917 wurden weitere 20 Acres hinzu erworben, und ein anderer örtlicher Farmer, Warren Sumner, wurde angeheuert. In jenem Sommer 1917 renovierte Ernest zusammen mit Sumner das alte Farmhaus.

Mit seinen 18 Jahren mähte er Getreide und baute ein Eishaus, in dem Sumner Eis aufbewahrte, das er im Winter aus dem See geschlagen hatte, um es im folgenden Sommer nach Windemere zu bringen, damit dort an heißen Sommertagen die Lebensmittel geschützt werden konnten und für die Familie kühle Getränke bereitstanden. Ernest hatte also dem Wunsch des Vaters, den Wert körperlicher Arbeit kennenzulernen, entsprochen.

Aber nicht immer. Denn er las ständig Bücher, was dem Vater nicht gefiel. Zur Lektüre gehörten alle Klassiker, hauptsächlich von englischen Schriftstellern, weil die besonders zahlreich in der heimischen Bibliothek vertreten waren. Im Buch von Constance Cappel erinnert sich ein früheres Kindermädchen: „Dr. Hemingway hatte mich beauftragt, Ernest die Bücher wegzunehmen. Jeden Abend durchsuchte ich sein Zimmer und entfernte alle. Wenn ich ihn ins Bett brachte, sagte er ‚Gute Nacht', so süß es nur möglich war. Dann am Morgen fand ich aber wieder Bücher. Unter der Matratze oder im Bettkasten. Er hat die ganze Zeit gelesen – und Bücher, weit über seine Altersklasse hinaus."

Und eine andere Hilfe, die den Hemingways in Windemere zur Hand ging, erinnert sich: „Wir sahen viel von Ernest als Kind. Später nicht mehr so viel. Er war ständig in den Wäldern, und er las eine Menge. Er war eine Art Einzelgänger. Immer nahm er sein kleines Zelt und verschwand zum Fischen."

Die Ferienzeiten für die Kinder waren paradiesisch, selbst wenn der Vater darauf bestand, sie um sich zu haben, wenn er Bäume fällte oder

Früchte sammelte. Auch die täglichen Pflichten, die mit den Ferien in Windemere verbunden waren, wie beispielsweise das Milchholen von Bacons Farm, schmälerten die Idylle nicht. Selbst dann nicht, wenn die Kinder, besonders am Anfang ihres Aufenthalts, bei notwendigen Ausbesserungen an Haus und Garten, mit anzufassen hatten.

Die Anreise nach Windemere war mühevoll zur damaligen Zeit, hat aber die Vorfreude der Hemingways nicht beeinflusst. Von Chicago im Südwesten des Lake Michigans, wo die Hemingways wohnten, mussten sie in den Nordwesten auf der anderen Seite des Sees. Die Reise mit Koffern und Kisten der Familie begann mit dem Einchecken auf einem am Chicago River liegenden Dampfer. Im Hafen von Harbor Springs in Michigan wurde das Gepäck ausgeladen und mit der Familie zum Bahnhof gebracht. Dort bestieg man einen Zug der Grand Rapids & Indiana Railroad, der Harbor Springs mit dem elf Meilen entfernten Petoskey verband. In dieser Stadt ist übrigens Hemingways erster Roman *Die Sturmfluten des Frühlings* angesiedelt.

Nachdem die Reisenden nach der Fahrt durch eine Dünenlandschaft den Ort erreicht hatten, mussten sie zum nahe gelegenen Bahnhof St. Bourbon. Dort bestiegen sie einen weiteren Zug, der sie direkt nach Walloon Lake Village brachte, von wo aus sie per Schiff endlich nach Windemere kamen. Der Grand Rapids & Indiana Bahnhof ist heute noch erhalten und wird, schön renoviert, als Geschäfts- und Ladenzentrum genutzt. Der Bahnhof St. Bourbon dagegen ist zum Parkplatz verkommen.

Hatten sie die Reise endlich geschafft, befanden sich Ernest und seine Familie in einer Welt, in der sie sich in der Natur aufgehoben fühlten, und die weit entfernt war von den Zwängen der Zivilisation. Wobei die Kinder selbstverständlich auch dort angehalten waren, sich der täglichen Hygiene zu unterziehen und gewaschen am Esstisch zu erscheinen.

Aber das Land, auf dem sie die schönen Sommer verbrachten, ließ sie, wie es Michael Federspiel in *Up North with the Hemingways* beschreibt, die Natur in ihrer ursprünglichen Form erkennen.

Es ist das alte Land der Indianer, der Annishinabeg. Deren Stämme, die Potawatomi, Ojibwa und Odawa lebten außer in Michigan nördlich und südlich der Großen Seen. Sie betrieben Fischfang, gingen auf die Jagd und ernteten wilden Wasserreis.

Die Gegend wurde von den weißen Eindringlingen weitgehend verschmäht, da sie für den Ackerbau wenig geeignet war. Die Annishinabeg sind deshalb in den Gegenden geblieben und leben heute in verschiedenen Reservaten in Kanada und in Nord-Dakota, Michigan, Montana, Minnesota und Wisconsin in den USA.

In den ersten Geschichten des Nick-Adams-Buchs erzählt Hemingway von den Erlebnissen seiner Kindheit, und immer wieder erscheinen Indianer als handelnde Figuren. Beispielsweise in „Indianerlager": Nicks Vater, ein Arzt, wird zu einer schwangeren Indianerin gerufen und von zwei ihrer Landsleute mit Ruderbooten abgeholt. Nick darf mitfahren. Es ist eine kurze Geschichte, und sie enthält Gewalt und Leid, Geburt und Tod und, wie es in manchen Kommentaren heißt, verborgenen Rassismus. Zuerst veröffentlicht wurde sie im Frühjahr 1924 in Paris in einem kleinen 32-Seiten-Buch mit dem Titel *in our time* – bewusst kleingeschrieben. „Indianerlager" wurde somit zur ersten Veröffentlichung einer Nick-Adams-Geschichte. Auf ihrem dramatischen Höhepunkt entbindet Nicks Vater die Frau durch Kaiserschnitt, ohne Betäubung. Nick hält eine Schüssel, während drei Frauen und ein Mann die Gebärende festhalten. Der kranke Ehemann der Indianerin liegt im Bett über ihr. Nach der Entbindung wird er mit durchschnittener Kehle entdeckt. Er hatte sich während der Geburt seines Kindes umgebracht.

Auf die Frage Nicks, warum, antwortet sein Vater: *„Ich weiß es nicht, Nick. Ich nehme an, er konnte es nicht aushalten."*
Aber was war es, das er nicht aushalten konnte? Das Leiden seiner Frau oder wie sie durch Nicks Vater während der Entbindung behandelt wurde? Auf die Bitten seines Sohnes, er möge dafür sorgen, dass die Schreie der Schwangeren aufhörten, meinte er, dass er keine Betäubungsmittel dabei habe und außerdem seien sie nicht wichtig. Nachdem der Arzt dies gesagt hatte, heißt es im Text: *Der Ehemann im oberen Bett rollte sich zur Wand.*
Das Indianerlager, das der Geschichte den Titel gab, lag in der Nähe von Windemere. Alle Indianer, die dort lebten, waren Rindenschäler, die für die Holzfällerfirmen arbeiteten. Als die Sägewerke geschlossen wurden, löste sich das Lager auf. Neben Vater und Sohn war noch Nicks Onkel George mit in das Indianerlager gefahren. Auch Ernest hatte einen Onkel, der George hieß, in Boyne City lebte und sagte, nachdem er die Geschichte gelesen hatte, kein Wort davon sei wahr. Aber das muss nichts heißen. Womöglich konnte er sich an dieses Ereignis nicht erinnern. In der Tat hat Ernests Vater in der Umgebung ärztliche Hilfe geleistet und nachweislich bei Geburten geholfen.

Das Verhältnis zwischen Vater und Sohn wird in der Geschichte sehr subtil beschrieben. Nachdem Nicks Vater den toten Ehemann entdeckt hat, tut es ihm leid, dass er seinen Sohn mitgebracht hat, und er entschuldigt sich bei ihm. Aber es ist zu spät. Nick hat alles gesehen.

In einigen Kommentaren heißt es dazu, dass in dieser Geschichte die geringe Wertschätzung, mit der die weißen Amerikaner die Indianer betrachteten, zum Ausdruck kommt. Für mich ist das nicht ganz nachvollziehbar. Der Satz, die Schreie der schwangeren Frau würden nicht interessieren, können sich auf ärztliches Gebaren beziehen, geäußert aus beruflicher Sicht. Doch das bedeutet nicht, dass es keine rassistisch geprägte Ablehnung gegeben hat. In anderen Geschichten wird sie deutlicher, beispielsweise in „Zehn Indianer": Nick fährt am 4. Juli, nach den Feierlichkeiten zum Unabhängigkeitstag, mit den Eltern von Freunden nach Hause. Immer wieder muss Mr. Joe Garner, der die Kutsche lenkt, Indianer, die auf der Straße liegen, zur Seite tragen. Im Text heißt es:

„Das ist jetzt der neunte", sagte Joe, „allein zwischen hier und der Stadt."

„Eben Indianer", sagte Mrs. Garner.

Westlich des Ferienhauses der Hemingways und dem Walloon Lake liegt ein paar Meilen entfernt Horton Bay. Dort in Nähe das Holzfällerlager,

das von allen nur das Indianerlager genannt wurde, weil die meisten Bewohner Indianer waren, und das den Hintergrund für die beiden soeben erwähnten Geschichten abgegeben hat.
Der Indianerlager-Geschichte kann man das gute Verhältnis zwischen Vater und Sohn entnehmen. Obwohl der Vater später ob des Selbstmords des Indianers bereut, seinen jungen Sohn mitgenommen zu haben, bekundet die Einladung, zu einer Entbindung mitzukommen, den Wunsch, den Sohn am Leben des Vaters teilnehmen zu lassen. In der Tat hat Ernest seinen Vater immer dafür gelobt, dass der ihm alles gezeigt hat und ihm „die Dinge beigebracht hat, die ein Vater seinem Sohn beibringen sollte."
Ernests Verhältnis zu seiner Mutter indes war nicht gut. Aus Kansas City, wo er 18-jährig als Reporter beim *Kansas City Star* beschäftigt war, musste er sich in einem Schreiben an sie noch dafür rechtfertigen, sonntags nicht in die Kirche zu gehen. Er müsse, schrieb er, sonnabends immer bis um ein Uhr, teilweise noch später, arbeiten, und der Sonntag sei der einzige Tag, an dem er ausschlafen könne. Sie solle sich aber nicht sorgen, dass er kein guter Christ sei, und wörtlich: „Ich bin es wie eh und je und bete jeden Abend und glaube auch genauso fest, also sei wieder fröhlich! Bloß weil ich ein fröhlicher Christ bin, solltest Du Dich nicht sorgen."

In demselben Brief zeigt er aber auch, dass er Klartext zu reden versteht: „Also Mutter. Ich bin schrecklich wütend geworden, als ich las, was Du über Carl und Bill geschrieben hast. Ich wollte auf der Stelle schreiben und alles sagen, was ich dachte. Aber ich wartete, bis ich ganz abgekühlt war. Aber da Du Carl noch nie gesehen hast und Bill nur oberflächlich kennst, warst Du reichlich ungerecht. Carl ... ist so ziemlich der aufrechteste und echteste Christ, den ich je kennengelernt habe, und er hat auf mich einen besseren Einfluss gehabt als jeder andere ... Ich habe Bill nie gefragt, in welche Kirche er geht, weil das nicht wichtig ist. Wir glauben beide an Gott und Jesus Christus und hoffen auf ein Leben nach dem Tod, und Glaubensbekenntnisse sind nicht wichtig."

Bill (William B. Smith Jr.), von dem die Rede ist, war ein Freund aus den Ferientagen in Michigan. Er verbrachte gemeinsam mit seiner Schwester Kate die Sommer bei der Tante. Diese Kate (Katherine) ist die spätere Ehefrau des amerikanischen Schriftstellers John Dos Passos, der unter anderem *Manhattan Transfer* geschrieben hat. Wir begegnen ihr in Hemingways Kurzgeschichte „Menschen im Sommer", zusammen mit Carl Edgar.

Es ist der Carl aus dem vorstehenden Brief, der von Hemingway Odgar genannt wurde, und den er durch die Geschwister Bill und Kate kennengelernt hatte.

Odgar wurde später Hemingways Mitbewohner in Kansas City und war in Kate verliebt. In *Summer People* beschreibt Hemingways Alter Ego Nick allerdings, dass er es ist, der eine sexuelle Beziehung zu Kate hatte:

Unten an der Straße konnte er durch die Bäume das Weiß des Bean-Hauses auf seinen Pfählen über dem Wasser sehen. Er hatte keine Lust zum Anleger zu gehen. Alle waren da unten und schwammen. Er wollte nicht bei Kate sein, wenn Odgar dabei war. Er konnte das Auto sehen an der Straße neben dem Lagerhaus. Odgar und Kate waren auch unten. Odgar immer mit seinem fischigen Blick in den Augen, wenn er Kate ansah. Hatte Odgar nichts begriffen? Kate würde ihn niemals heiraten.

Später, Nick hatte sich doch noch zu Kate und Odgar begeben, später, als sie nach Hause fuhren, wird ein nächtliches Treffen verabredet:

Das Auto fuhr in niedrigem Gang zügig durch den Garten. Kate brachte ihre Lippen nahe an Nicks Ohr.
"In ungefähr einer Stunde, Wemedge", sagte sie. Nick presste seine Hüfte fest an ihre. Das Auto kehrte auf der Kuppe des Hügels oberhalb des Gartens um und hielt vor dem Haus.
"Tantchen schläft. Wir müssen leise sein", sagte Kate.

Man verabschiedet sich, und später treffen sich die beiden im Wald und schlafen miteinander.

Ob das der Wirklichkeit entspricht, ist eher nicht anzunehmen. Dass „Butstein", wie Hemingway Kate in der Geschichte und im Leben nannte, und „Wemedge" (Nick, besser gesagt, Hemingway), eine sexuelle Beziehung zueinander gehabt hätten, ist nicht belegt.

In einem Brief vom 30. September 1920 an Grace Quinlan, ein junges Mädchen, berichtet Hemingway nur von einer gemeinsam durchzechten Nacht, während derer Kate und er in eine katholische Kirche gingen und dort eine Kerze anzündeten. Es scheint das erste Mal gewesen zu sein, dass Hemingway, aus strenggläubig protestantischem Elternhaus stammend, eine katholische Kirche betrat. Erwähnenswert ist das deshalb, weil er später seiner zweiten Frau zuliebe zum Katholizismus konvertierte. Über den Besuch in der Kirche schrieb er: „Kate und ich gingen in eine Katholische Kirche und ich habe gebetet ... für all das, was ich haben will und niemals bekommen werde, und wir waren in schöner Stimmung, als wir wieder hinauskamen. Und kurz darauf gewährte mir der Herr ein Abenteuer mit einem Hauch Romantik."

Dieser Text macht mich ratlos. Hemingway schreibt in demselben Brief, dass er danach auf dem Heimweg ein Gedicht für Grace, an die der Brief gerichtet war, geschrieben habe. Grace Quinlan ist eines der Mädchen aus Petoskey, mit denen Hemingway Umgang pflegte. Er bezeichnete sie, die sieben Jahre jünger war als er, als seine Schwester.

Es wird aber, jedenfalls ist das mein Eindruck, auch deutlich, dass dies nur eine Behauptung war, um von seiner Verliebtheit in sie abzulenken, denn er schmeichelt ihr mehr, als man es in einem Bruder-Schwester-Verhältnis erwartet würde.

Später, am 7 August 1921, schreibt er ihr von seiner bevorstehenden Hochzeit und lädt sie dazu ein, genau wie die bereits einmal erwähnte Marjorie Bump. Dabei wird deutlich, dass es auch hätte anders sein können mit ihnen: „Ich weiß wie Du dich fühlst, zu jung zum Heiraten zu sein. Ich fühlte dasselbe …"

Dass er es nun nicht mehr fühlt, liegt an Hadley, der Frau, die er heiraten wird. Das Gefühl aber, zu jung für eine Ehe zu sein, teilte er zuvor mit Grace, die es in der Tat war. Womöglich war das der Hauptgrund für sein Gefühl. Was aber, wäre Grace nicht zu jung gewesen? Die Komplimente, die er ihr in seinen Briefen machte, lassen darauf schließen, dass er mehr für sie empfand als nur brüderliche Zuneigung.

Kate, mit der er einen ‚Hauch von Romantik' erlebte, starb im Jahre 1947 bei einem Autounfall, als ihr Mann, John Dos Passos, von der untergehenden Sonne geblendet, einen halb von der Straße abgekommenen Lastwagen übersah. Kate wurde durch die Windschutzscheibe geschleudert und starb auf der Stelle. Dos Passos überlebte, verlor aber das rechte Auge.

Kapitel 3

Seit 2008 bin ich oft in Michigan. Gleich im ersten Jahr habe ich mich auf die Spuren Hemingways in die Gegend um Petoskey begeben und war seitdem häufiger dort. Es ist nicht weit entfernt vom meinem Domizil, dem Leelanau County.

Im Norden Michigans verlebte Ernest Hemingway seine Kindheit und Jugend. Als er älter wurde, verbrachte er immer mehr Zeit außerhalb Windemeres. Er wurde Stammgast in dem kleinen Ort Horton Bay, in dem zur Sommerzeit die wenigen örtlichen Bewohner durch Feriengäste ergänzt wurden. Abseits seiner Familie verhielt sich Ernest wie ein typischer Teenager, versuchte die Mädchen zu beeindrucken, hing mit seinen Freunden herum und erzählte – hier zeigte sich bereits sein Talent – aufgebauschte Geschichten über Erlebnisse bei der Jagd oder beim Fischen oder von Begebenheiten in der fernen Stadt Chicago.

Der Ort ist nach Samuel Horton benannt. Er hatte sich 1856 mit seiner Frau und sieben Töchtern auf den Weg nach Grand Rapids gemacht, wo bereits zwei Söhne von ihm lebten.

Unterwegs mussten sie in Charlevoix vor Stürmen Zuflucht suchen. Doch als das Wetter sich nicht besserte, betrachtete er es als ein Zeichen, dort bleiben zu sollen, und zog mit seiner Familie in eine leer stehende Hütte. Dort waren sie für ungefähr zwei Jahrzehnte nicht nur die ersten, sondern auch die einzigen Einwohner, bis sich der Ort Horton Bay entwickelte.

Diese Bezeichnung existiert heute nicht mehr. Soweit ich es gesehen habe, gibt es nur noch ein Ortsschild mit dem ursprünglichen Namen. Alle anderen verweisen jetzt auf Bay, womit Bay Township gemeint ist. Aber man kann den Ort gut lokalisieren; Von Charlevoix direkt am Lake Michigan gelegen, fährt man auf dem Weg dorthin über eine kleine Brücke, die über den Horton Creek führt. Beides, den Ort und das Flüsschen, hat Hemingway mehrfach beschrieben.

Von der Brücke aus blickt man auf eine bezaubernde Szenerie. Kleine Stromschnellen quirlen durch Erhebungen von Sand, bemoosten Steinen und vermoderten Baumresten und machen den Lauf des Creeks sehr lebendig. Überwuchernde Wiesen und eine dichte Bewaldung spiegeln das vertraute Bild aus Hemingways Geschichten wider. Dem Betrachter erschließt sich noch heute die Natur, die Hemingway ihm in seinen Kurzgeschichten über den Norden Michigans vermittelt hat: Dieser kleine Fluss steht für Ernests Kindheitserlebnisse und besonders für das von ihm geliebte, wenn auch nicht immer erlaubte Forellenangeln. Um den Ort herum befinden sich heute einige Naturschutzgebiete. Eines davon ist nach Nick Adams benannt.

In dem Romanentwurf *Das letzte gute Land* hat Nick unerlaubt Forellen geangelt, wie sich aus zwei Passagen daraus ergibt. Zuerst fragt ihn seine Schwester:

„Hast Du viel gefangen, Nickie?"
„Sechsundzwanzig."
„Sind sie gut?"
„Gerade die Größe, die sie zum Abendessen brauchen."
„Oh, Nick, ich wünschte du würdest nicht damit handeln."
„Sie gibt mir einen Dollar pro Pfund, ..."
„Ich werde durch den Wald zum Hotel gehen und ihr die Forellen verkaufen", erzählte er seiner Schwester. „Sie hat sie für die Küche heute Abend geordert. Zurzeit wollen sie mehr Forellen zum Abendessen als Huhn. Ich weiß nicht warum. Die Forellen sind bestens. Ich habe sie ausgenommen und in Mulltücher verpackt und sie bleiben kühl und frisch ..."

Mit „Hotel" ist das Boarding House Pinehurst gemeint und mit „ihr" Liz Dilworth, die es zusammen mit ihrem Mann Jim betrieb. Beide waren Freunde in Hemingways Kinder- und Jugendtagen.

Hat man die Brücke über den Horton Creek passiert, trifft man bald auf einige Häuser, erreicht Horton Bay. In der Geschichte „Oben in Michigan" wird der Ort in unterschiedlichen Schreibweisen verwendet (Hemingway nahm es damit nie so genau):

Hortons Bay, die Stadt, nur fünf Häuser auf der Hauptstraße zwischen Boyne City und Charlevoix. Da war der General Store mit der Post, ... Smiths Haus, das Haus von Stroud, Dilworths Haus, Hortons Haus und Van Hoosen Haus. Um die Häuser befand sich ein großer Ulmenhain und der Weg war sehr sandig. ... Die Straße hoch stand die Methodistische Kirche und den Weg hinunter, in der anderen Richtung, war die Township-Schule. Die Schmiede war rot lackiert und stand gegenüber der Schule.

Als ich die Ortschaft zum ersten Mal erreichte, sah ich auf der linken Seite den erwähnten Horton Bay General Store. Erbaut 1876, ist er noch immer der Mittelpunkt des geschäftlichen und sozialen Lebens in dem kleinen Ort. Er spielt nicht nur in einer der Kurzgeschichten („Oben in Michigan") eine Rolle, sondern scheint außerdem die Vorlage für „Mr. Packards Store" in *Das letzte gute Land* zu sein. Im Store in Horton Bay gibt es Bilder und Erinnerungsgegenstände von und an Hemingway. Noch mehr allerdings im Nachbarhaus, dem Red Fox Inn, von Hemingway als Hortons Haus bezeichnet. Bereits davor findet man eine Ansammlung von Hemingway-Hinweistafeln und einen Schaukasten mit Erinnerungsstücken, Bildern, T-Shirts, Accessoires, Büchern und Baseballkappen mit den Aufschriften Horton Bay und Hemingway. Auf einem der Schilder ist zu lesen, das Red Fox Inn sei in 1878 als eine Pension für Holzfäller erbaut worden und James Wixham Fox habe es im Jahre 1910 erworben und dessen Sohn Vollie 1919 übernommen. Seitdem gab es auch einen Restaurationsbetrieb im Haus und es entwickelte sich zu einem bevorzugten Lokal für Sommergäste. Die Schilder gelten ansonsten Hemingway: Er habe dem Hotel einen Helm aus dem Ersten Weltkrieg geschenkt (mit einem Einschussloch), und dies in dem 1923 in Paris erschienenen Band *Three Stories and Ten Poems* und in der Geschichte „Oben in Michigan" erwähnt. Außerdem bezeugt ein Schild: Hier schlief Hemingway.

Das stimmt – und wohl mehr als einmal. Belegt ist, dass er dort vor seiner ersten Hochzeit übernachtete, die er in dem kleinen Ort gefeiert hatte. Ich beschließe in das Gebäude zu gehen. Nachdem ich die fünf Stufen zur Veranda hinaufgestiegen bin, betrete ich einen Raum, der zugestellt ist mit Regalen, Kartenständern, Vitrinen, Stühlen und Büchern. In der Mitte des Raums befindet sich ein Holztisch, auch voller Bücher. Links, am früheren Empfangspult,

ebenfalls Bücher, Broschüren, Bilder, Erinnerungsartikel. Das Haus beherbergt heute kein Hotel mehr, sondern einen Buchladen, und alles in ihm hat nur einen Namen: Hemingway. Ein Schrein. Das Red Fox Inn ist ein einziger Hemingway-Schrein.
Ansonsten, kein Mensch zu sehen.
Im Stockwerk über mir höre ich Stimmen. Ich rufe zwei-, dreimal „Hello", erhalte aber keine Antwort. Das Gespräch oben geht unvermindert weiter. Zu verstehen ist nichts, ich kann nur eine Männerstimme ausmachen, die anscheinend die Unterhaltung weitestgehend allein bestreitet.
Nach einer gefühlten Stunde erscheint James Vol Hartwell. Ihm gehört die männliche Stimme. Er ist ein großer kräftiger Mann mit Bauchansatz und skeptischem Blick. Als ich von meinem Interesse an Hemingway erzähle, sagt er mir als Erstes, dass sein Großvater, Vollie Fox, dem kleinen Ernest das Angeln beigebracht habe. Das stimmt allerdings nicht, wie ich weiß, denn Hemingway hat seinen Vater dafür gerühmt. Aber: so what, wie man hier sagt. James ist in seinem wortreichen Bericht nicht zu stoppen. Er schmückt ihn aus mit Kartenmaterial, Broschüren, Bildern und Büchern.
Ich erhalte eine Privatführung durch sein „Hemingway-Museum" und erfahre viel über die Verbindung von Horton Bay und Hemingway in

The Nick Adams Stories. Ich will mir alles aufschreiben. Aber James zieht eine kleine selbstangefertigte Karte hervor, in die er alles eingezeichnet hat. Die muss ich haben. Das sei kein Problem, sagt er. Er habe eine kleine Broschüre verfasst, in der die Karte enthalten sei. Die könne ich kaufen, was ich sofort tue.

Beim Blick in die Broschüre stelle ich allerdings fest, dass die Karte zwar, wie versprochen, darin ist, aber ohne seine später hinzugefügten Markierungen.

Ich bin enttäuscht und sage ihm, dass nur seine Karte einen Wert für mich hat. Nach längerem Hin und Her gibt er sie mir.

Aus Dankbarkeit kaufe ich noch ein Buch – und eine Postkarte mit dem jungen Ernest, der drei geangelte Forellen in die Kamera hält. Das Buch ist auch von Hemingway. Es geht darin ums Schreiben.

Mit der Karte halte ich ein Juwel in Händen. Ich habe Gewissensbisse, dass ich dem Mann das Dokument mit den Eintragungen ‚abgeschnackt' habe, wie wir in Hamburg, wo ich herkomme, sagen. Aber, als ich James vier Jahre später wiedertreffe, hat er seine Markierungen in eine neue Karte übertragen. Er hat das anscheinend im Griff.

Wenn man gegenüber vom Red Fox Inn die Lake Street zur Bay hinuntergeht, kommt man gleich auf der linken Seite der Straße an den beiden Dilworth-Häusern vorbei. Hier gab es das Festessen, ein „Wedding Breakfast", zu Hemingways erster Hochzeit. Die Residenz wird in zwei Geschichten („Menschen im Sommer" und „Oben in Michigan") erwähnt.

Beide Häuser befinden sich heute noch im Besitz der Familie Dilworth, besser gesagt dem des Ex-Ehemanns einer Enkelin. Das erste der beiden Häuser, ist das Pinehurst Cottage, die originale Residenz der Dilworths. Es wurde 1910 erbaut, zusammen mit einer Schmiede. James Dilworth war ein Schmied. Später baute man das Gebäude daneben als Boarding House, und als solches wird es heute noch betrieben. Es wird immer, auch von Hemingway, als Shangri-La beschrieben, aber auf dem Schild über der Tür heißt es Shangra-La (was nicht falsch ist, wie ich erst dachte, sondern der pakistanischen Schreibweise und nicht der indischen entspricht). Die Schmiede ist auch immer noch da, nur nicht mehr im Originalzustand, sondern als Nachbau.

Abgesehen von den Straßen, die nun keine Sandwege mehr sind, bestätigt sich mein Eindruck von dem Ort, wie Hemingway ihn beschrieben hat. Am Ende der Lake Street finde ich den Bootssteg, der berühmt ist aus der Geschichte „Oben in Michigan", auf die ich später noch genauer eingehen werde. Auf der anderen Seite der Bucht sehe ich entfernt das alte Bootshaus, das den Hintergrund des Fotos bildet, das ich bei James aus Dankbarkeit für den Lageplan gekauft habe. Es war 1919 aufgenommen worden, nachdem Hemingway, verwundet und als Held ausgezeichnet, aus dem Ersten Weltkrieg zurückgekehrt war. Es zeigt einen jungen, gut aussehenden Mann, mit hellem fröhlichem Gesicht. Eine stattliche Erscheinung. Er wirkt mit seinen gefangenen Forellen sehr zufrieden. Das Bild Hemingways in den späten Jahren seines Lebens, massig und ungepflegt, krank und depressiv, ist weit davon entfernt, und es macht wehmütig, beide miteinander zu vergleichen.

Die Bucht, an der ich stehe, ist auch in der Story „Das Ende von Etwas" erwähnt. Hemingway beginnt diese Geschichte mit einer Rückblende in die Zeit, als die Sägemühle, von der die Menschen in Horton Bay weitgehend lebten, aufgegeben wurde:

In den alten Tagen war Horton Bay eine Holzfällerstadt. Keiner, der hier lebte, befand sich außerhalb der Hörweite der großen Sägemühle am See. Dann gab es eines Tages keine Baumstämme mehr zu sägen. Holztransportschiffe kamen in die Bucht und wurden mit den Resten der Mühle beladen. Die ganzen Haufen wurden weggebracht. Alle transportablen Maschinen wurden von den Männern, die in der Mühle arbeiteten, an Bord eines der

Schiffe verfrachtet. Dieser Schoner legte ab, beladen mit den großen Sägen, dem Transporter, der die großen Stämme gegen die Rotation wirft, mit den Kreissägen und all den Walzen, Rädern, Riemen und Eisen, die aufgetürmt auf einer tief liegenden Lage Bauholzes lagen. Nach oben war alles mit Planen zugedeckt und fest verzurrt. Die Segel des Schoners blähten sich und er gewann den offenen See, beladen mit allem, was eine Mühle zu einer Mühle macht und Horton Bay zu einer Stadt.

Die Geschichte handelt von Nick und seiner Freundin Marjorie. Ich vollziehe den Verlauf einer beschriebenen Bootstour nach. Die beiden waren angeln und rudern entlang des Ufers, vorbei an der stillgelegten Sägemühle. In der Höhe des Bootshauses auf der anderen Seite der Bucht, gehen sie zu einem Picknick an Land. Nick ist in mürrischer Stimmung, und als Marjorie ihn fragt, was los sei, sagt er ihr schließlich die Wahrheit. Es mache ihm keinen Spaß mehr.

Das war eindeutig, und Marjorie wurde ziemlich rüde zurückgewiesen. Später, nachdem sie allein und verletzt mit dem Boot zurückgefahren war, kommt Bill aus dem Wald, jener Bill Smith, der Freund der Sommer in Michigan, und fragt, ob sie endlich weg sei. Als Nick das bestätigt, will er wissen, ob es eine Szene gegeben habe. Aber nein, und als er noch fragt, wie Nick sich fühle, bittet ihn dieser, ihn allein zu lassen.

Der Text hat autobiografische Züge. Marjorie existierte. Sie wurde im Text bereits erwähnt. Aber die Geschichte hat sich nie so abgespielt. Im Gegenteil. Als die reale Marjorie erfuhr, dass Hemingway ihren Namen ohne ihre Erlaubnis benutzt hatte, war sie zutiefst verletzt. Ihre Tochter Georgie, der sie die ganze Geschichte mit Hemingway kurz vor ihrem Tod im Jahre 1987 erzählte, hat das in einem Buch beschrieben. Demnach hat Marjorie ihr Leben lang darunter gelitten, dass ein literarisches Bild von ihr gezeichnet worden war, das mit der Wirklichkeit nichts zu tun hatte. Sie sagte, sie empfinde es als Schmach, von den Leuten bemitleidet zu werden, wenn sie über mich als junges Mädchen lesen, zu dem Nick (Ernest) die Worte gesagt haben soll: „Es macht keinen Spaß mehr."

In ihren späteren Jahren vermied sie es, neuen Bekannten zu erzählen, dass sie Hemingway kannte. Sie fühlte sich ihr Leben lang verfolgt. Auf ihrem Grabstein steht deshalb auch ihr Mittelname Lucy, und nicht Marjorie, damit sie wenigstens dort ihre Ruhe findet. Ernest hat ihr einmal geschrieben, dass es ihm leid tue. Seine exakten Worte waren: „Alles verstanden heißt alles vergeben."

Carlos Baker, der autorisierte Biograf Hemingways, behauptet, Hemingway habe sich 1919, zwanzigjährig, mit Marjorie Bump getroffen. Sie

sei siebzehn gewesen, mit roten Haaren und Sommersprossen, Grübchen und sonnigem Gemüt und mit ihre Freundin Conni Curtis aus Petoskey nach Horton gekommen, um bei Mrs. Dilworth als Kellnerinnen zu arbeiten.
Allerdings stimmt das nicht. Selbst wenn diese Darstellung sich nicht nur bei Baker findet, sondern immer wieder mal erscheint, wenn von Marjorie und Ernest in Horton Bay die Rede ist. Aber Wiederholungen sprechen nicht nur dafür, dass etwas richtig ist, sondern können ebenso dafür stehen, dass abgeschrieben wurde.
Marjorie Bump, am 24. August 1901 in Petoskey geboren, hat auch mal als Kellnerin bei den Dilworths ausgeholfen. Aber sie kam nicht deswegen nach Horton Bay und auch nicht erst mit siebzehn.
Tatsächlich traf sie Ernest bereits 1915, wie sie selbst es berichtet hat:
„Das erste Mal, als ich Ernest Hemingway sah, war ich auf dem Heimweg vom Horton's Creek, wo ich meinen ersten Fisch gefangen hatte. Ich trug ihn und war so aufgeregt, dass ich vergaß, ängstlich zu sein, um mit einem Jungen zu reden, sogar wenn ich nicht einmal seinen Namen kannte. Ich war damals noch keine 14, denn mein Geburtstag würde erst am 24. August sein. Während unseres ersten Treffens sah Ernest wahrscheinlich in mir einen Teenager mit rotem

Haar, grünen Augen und Sommersprossen. Was ich sah, war ein großer, gutaussehender Junge mit dunklen Augen, den ich auf sechzehn schätzte. Er hielt an und bewunderte den Fisch."
Marjorie hielt sich häufiger in Horton Bay zu Besuch bei ihrem Onkel, Professor Ernest Ohle, auf, der dort gegenüber des Anwesens der Dilworths ein Ferienhaus hatte.
Als Ernest sie traf, hatte er gerade seinen Freund Bill Smith besucht. Zum Ende des ersten Treffens lud er sie mit den Worten ein: „Nun, Red, ich mag deinen hübschen Fisch und da du so gut angeln kannst, könnte ich dich mal mitnehmen, um Regenbogenforellen zu fangen, unten am Steg."
Und Marjorie fragte ihn: „Würdest du das wirklich und wahrhaftig tun? Du wirst das nicht vergessen, oder?"
„Auf keinen Fall", antwortete er, „Du kannst mir mit dem Boot helfen."
In dem Buch von Marjories Tochter heißt es dann weiter, dass sie sagte: „Gut für mich war, dass er es nicht vergaß. Über meine ganze Jugendzeit nahm er mich häufig zum Angeln mit. Wir fischten Regenbogenforellen und Barsche in der Horton Bay."
Marjorie und Ernest trafen sich regelmäßig. Der Cousin Marjories, William Ohle, beschreibt ein Essen im Haus seiner Eltern aus dem Jahr 1917:

„Ernest ... saß unbehaglich und einsilbig am Tisch, während meine Mutter versuchte, eine Unterhaltung in Gange zu bringen."

Aber mehr noch hatte Marjorie danach Kontakt zu seinen Schwestern, besonders zu Ursula, die in ihrem Alter war. Wer an diesen Angaben zweifelt, und das tun einige, weil alle Quellen von der Seite Marjories stammen, dem können diese Zweifel durch einen Text von Hemingway selbst genommen werden. Am 6. Dezember 1917, er war bereits in die Armee aufgenommen worden, schrieb er aus Kansas City an seine Eltern: „Ich bekam neulich noch etwas anderes für die Armee, das ist super. Einen Pullover aus Kakiwolle. Marge (Marjorie) Bump hat ihn mir gestrickt, und es ist ein Schmuckstück von einem Pullover."

Wie aber kann Hemingway im Krieg ein „Schmuckstück von einem Pullover" getragen haben, den Marjorie Bump ihm im Jahre 1917 gestrickt hatte, wenn er sie erst 1919 als eine Sommerromanze kennengelernt haben soll?

Diesen Brief sucht man vergeblich in Hemingways Briefsammlung, die auch von Carlos Baker herausgegeben wurde.

Sie hatten eine Beziehung, und es ist offensichtlich, dass die Angel- und Bootstour in der Geschichte „Ende von Etwas" an dem Abend den Zweck hatte, die Verbindung mit Marjorie zu beenden. Das ergibt sich nicht nur aus Bills Fragen, sondern ebenfalls aus der nachfolgenden Geschichte „Der Drei-Tage Sturm", in der er äußert, wie gut es sei, dass Nick mit Marge Schluss gemacht habe:

Es war das Beste, was du tun konntest. Wenn du das nicht gemacht hättest, wärest du jetzt zu Hause und würdest arbeiten, um genug Geld für eine Hochzeit zu haben." ... Nick sagte nichts ... Alles was er wusste war, er hatte Marjorie gehabt, und er hatte sie verloren. Sie war gegangen, und er hatte sie weggeschickt. Das war alles, was zählte. Er würde sie vielleicht nie wieder sehen. Wahrscheinlich sogar. Es war alles vorbei, Ende ...

„Wäre das mit euch so weitergegangen, würden wir jetzt nicht hier sitzen", sagte Bill.

Das stimmte. Sein ursprünglicher Plan war es, nach Hause zu gehen und einen Job zu suchen. Dann wollte er den ganzen Winter in Charlevoix, in der Nähe von Marge, sein. Nun wusste er nicht, was er tun sollte. ... Er hatte mit ihr darüber gesprochen, nach Italien zu gehen, über den Spaß, den sie haben würden, Orte die sie zusammen besuchen wollten. Es war nun alles vorbei. Er fühlte sich leer.

Aus diesem Auszug und dem weiteren Gespräch ergibt sich, dass Nick und Marge nicht verlobt waren (stimmt für Ernest und Marjorie), aber beabsichtigten zu heiraten (stimmt nur halb), dass Nick den Winter über in der Stadt bleiben wollte (stimmt), um Marge nahe zu sein (stimmt vielleicht) und dass Nick Marges Mutter und ihren Stiefvater nicht mochte (stimmt bezogen auf die Mutter). Nick war verzweifelt über das, was er Marge angetan hatte, wie es in der Geschichte weiter heißt, und dass er sie treffen und es wieder gutmachen wollte.

Dass Marjories Mutter Ernest nicht mochte, stimmt, wenn man der wahren Marjorie glauben kann. Ich habe keinen Anlass gefunden, das nicht zu tun. Hemingway hat tatsächlich an eine Ehe mit Marjorie gedacht. Allerdings haben ihn anscheinend weniger romantische als materielle Gründe dazu gebracht.

Viele Jahre später hat Marjorie von ihrer Mutter erfahren, dass Ernest mit ihr einmal über eine Heirat mit Marjorie gesprochen hätte. Sie aber, die Mutter, habe Ernest gesagt, dass ihre Tochter viel zu jung und unerfahren sei, um an eine Ehe zu denken, und dass sie erst einmal das College absolvieren solle, bevor an eine Verlobung oder Hochzeit zu denken sei. Ernest hatte in dem Gespräch ausdrücklich danach gefragt, ob Marjorie tatsächlich von ihrer Großmutter Geld erwarten könne, und erfahren, dass es stimme, aber erst nach deren Tod. Ernest brauchte Geld, um schreiben zu können, und hatte gehofft, dass Marjorie damit aushelfen könnte.

Das erste Zusammentreffen der Kinder Ernest und Marjorie war idyllisch: Creek, Fisch, unschuldiges

Mädchen trifft unschuldigen Jungen auf der Straße. Und es war Teil des Idylls, als das Hemingway Michigan, seine Sommer und später auch die anderen Zeiten dort beschrieben hat. Dies Idyll endete erst sechs Jahre später, als Hemingway seine erste Frau Hadley heiratete und Michigan den Rücken kehrte. Dass Marjorie und Ernest zumindest in 1919 mehr als Freundschaft verband, kann auch aus seinen Äußerungen herausgelesen werden, wenn er ausdrücklich den Sommer und Herbst 1919 als idyllisch bezeichnet.

Es war also keine Urlaubsliebe, wie es gern dargestellt wird. Alle Fakten sprechen vielmehr dafür, dass es sich um eine Beziehung zwischen den beiden gehandelt hat, die viele Jahre bestand und über deren romantischen Aspekt keine gesicherten Erkenntnisse vorliegen. Vielleicht war es eine Liebesbeziehung, vielleicht aber auch nicht. Beides ist möglich.

Dass es mehr als eine Bekanntschaft war, kann man dem Gespräch entnehmen, das Ernest mit der Mutter über eine Heirat geführt hat. Wie tief das ging, nicht. Man fragt sich aber, warum Marjorie und Ernests Verhältnis zu ihr von vielen nur auf eine Urlaubsromanze zusammengestrichen wurde. Eine Erklärung dafür habe ich nicht. Noch weniger dafür, dass ein anderer Biograf, Kenneth S. Lynn, einen absurden Schritt weitergeht. Er behauptet, dass Marjorie in den beiden Geschichten als eine jüngere Verkörperung von Hadley, Hemingways erster Frau, angesehen werden müsse, und Marjorie aus Petoskey nicht gemeint sei.

Dass dies völlig an den Haaren herbeigezogen ist, kann man in einem Brief Hemingways unmissverständlich erkennen. Er schreibt am 24. Dezember 1925 an F. Scott Fitzgerald, den Autor des Romans *Der große Gatsby*: „Die einzige Erzählung, in der Hadley auftritt, ist Schonzeit ..."

Die Marjorie-Geschichten sind vor diesem Brief entstanden. Warum Kenneth S. Lynn sich so explizit äußert und andere Hinweise ignoriert, ist unbegreiflich. Aber es scheint seine Art zu sein, an seiner Meinung festzuhalten, obwohl die Fakten dagegen sprechen.

Das lässt sich auch an seiner Bewertung der Kriegserlebnisse Hemingways erkennen, worauf ich später noch eingehen werde.

Andererseits kann man in der Literatur nicht wissen, was genau einen Schriftsteller zu seiner Geschichte geführt hat. Tatsächliche Ereignisse, Landschaften oder Orte Michigans mögen von Hemingway in einen anderen Zusammenhang gestellt worden sein, als sie der Wirklichkeit entsprachen. Aber darauf, ihr nachzuspüren, kommt es nicht an.

Es geht nicht um die Authentizität von Hemingways Beschreibungen, sondern um die literarische Idee, seine Wahrnehmungen und den Inhalt seiner Geschichten. Die Welt, die ein Schriftsteller beschreibt, ist immer seine Welt. Er lässt uns Leser daran teilnehmen, womit seine nicht zu unserer Welt wird, sondern eine eigene bei uns erzeugt. Die Gefühle, die Hemingway schildert, sind so intensiv, dass es schwerfällt, sie dem jungen Ernest nicht als tatsächliches Erleben zu attestieren, sondern dem fiktionalen Teil der Erzählung zuzuordnen. Die Weichheit, die sich in der Reue zeigt, und die Sehnsucht nach Zuneigung sind Hemingway, wie sich aus seinen literarischen Werken ergibt, nicht fremd.

Ob Marjorie oder Hadley die realen Frauen waren, die in den beiden Geschichten Figur erhalten, oder keine von beiden, ist eine akademische Frage, die für das Schreiben von Hemingway, für seine Sicht auf innere Zustände nicht wichtig ist. Insofern überlasse ich Mr. Lynn seine Meinung. Die Fakten mit Ernest und Marjorie sind offensichtlich. Ob sie dem Charakter in den Geschichten diente, können wir nur vermuten. Was allerdings den Kern der beiden Geschichten bildet, ist, was junge Menschen erleben und wie sie eine Beziehung führen – mit den damit verbundenen Überlegungen, dass sie in einer Ehe enden kann und es dann doch nicht tut. Dies war

die Welt des jungen Hemingway, und sie ist uns durch seine Bücher erhalten, womit wir ein Jahrhundert später immer noch an seinem Leben in der Landschaft Michigans teilnehmen dürfen.
Diese ist, bedingt durch Zeit und damit Veränderung, nicht genau die, die Hemingway und die Menschen zu Anfang des 20. Jahrhunderts vorgefunden hatten. Sie scheint aber nicht so stark verwandelt zu sein, wie das in anderen Gegenden innerhalb eines Zeitraums von einhundert Jahren geschah.
Den Eindruck einer verlorenen oder anderen Welt hat man zumindest in Horton Bay nicht. Dort kann man Hemingway und seine Nick-Adams-Geschichten noch finden. Was heute nicht mehr erkannt werden kann, ist ein früheres Michigan.
Es ging durch den dramatischen Wechsel der Landschaft verloren. Durch das Abholzen der Wälder bis zur Wende des 19. zum 20. Jahrhunderts, bis die Ressourcen erschöpft waren und die Holzfäller weiterzogen. Selbst wenn Hemingway die Zerstörung der Landschaft nicht unmittelbar erlebt haben mag, machte sie ihn nach seinen eigenen Aussagen krank. Er war verzweifelt über den Verlust der ursprünglichen Wälder und unberührten Flüsse. Darin kann ich ihm folgen, und ich glaube ihm.

Kapitel 4

Einen Einblick in die damalige Landschaft im nördlichen Michigan ermöglichen Tagebuchaufzeichnungen von Dr. Hemingway und Fotos einer Anreise aus 1917. Er ließ in jenem Jahr nur die Töchter mit Schiff und Zug reisen. Seine Frau und die beiden Söhne Ernest und Leicester fuhren mit ihm im Automobil.
Die Fahrt dauerte fünf Tage. Übernachtet wurde in Zelten. Zu essen gab es frisch geangelten Fisch. Die Straßen waren grauenhaft. Die Reise ein einziges Abenteuer. Durch Umleitungen mussten sie 100 Meilen mehr fahren als die geplanten 487. Sie hatten eine Schaufel dabei, um das Auto wieder flott zu kriegen, würde es auf den holprigen Straßen stecken bleiben. Besonders schwierig war der letzte Teil von Traverse City nach Walloon Lake. Eine Strecke von nur 31 Meilen, auf der es nur Sandwege gab, die höchstens eine Durchschnittsgeschwindigkeit von acht Meilen zuließen. Hier kam auch eine Axt zum Einsatz, mit der Zweige, die den Weg versperrten, zerhackt werden konnten. Peinlich war es für die Reisegesellschaft, wenn ihr Ford T so feststeckte, dass er unter dem Gelächter der

Farmer nur von Pferden freigezogen werden konnte. Auf der Rückreise fuhren alle wieder mit dem Schiff, einschließlich des Autos.

Die Straßenverhältnisse haben sich heute geändert. Schaufel und Axt muss man nicht mehr mitführen, wenn man mit dem Auto im Norden Michigans unterwegs ist. Aber Hemingway hätte dies womöglich nicht gefallen, denn schon damals hatte er die Eingriffe in die Natur unzufrieden kommentiert: „Michigan habe ich, wenn ich dort war, sehr geliebt, aber auch, wenn ich fort war. Aber, als ich aufwuchs, jedes Mal, wenn ich zurückkam, hatte es sich verändert ... Sie haben die Wälder abgeholzt, die Flüsse verloren ihr Wasser, der Wasserstand der Seen sank oder stieg, abhängig vom Einleiten der Abwässer aus Chicago in den Vorflutkanal, sie bauten Asphaltstraßen im ganzen Land und rund um die Seen. Die Automobilisten fingen alle Fische aus den Flüssen, und die jungen Leute gingen nach Flint oder Detroit und verließen ihre Farmen, weil sie dort unmöglich noch leben konnten. Nun kommt der Aufwuchs dort, wo sie die Wälder geschlagen haben ... und die Leute sehen den Aufwuchs und denken, dass sie wissen, wie ein Wald aussieht. Aber so sah er nicht aus und du wirst niemals wissen, wie es einmal war, wenn du es nicht gesehen hast. Noch wirst du das Herz des Landes kennen, nachdem es verschwand."⁵

In seinem ganzen Ausmaß selbst erlebt haben, wird er es nicht, wie ich bereits erwähnte. Das würde zeitlich nicht passen. Er scheint mit dem vorstehenden Text übertrieben zu haben, hinsichtlich dem, was er gesehen hatte. Die Passage mit den Abwässern war um die Jahrhundertwende ein großes Thema in Chicago. Die Stadt liegt im Südwesten des riesigen Lake Michigan, während die Gegend um Petoskey, in der Hemingway seine Ferien verbrachte und die „sein Michigan" war, sich im Nordosten befindet. Auch das Abholzen der Wälder kann er nur aus Erzählungen kennen. Aber was macht das aus für einen Schriftsteller? Seine Betroffenheit über den Wandel Michigans ist echt, und noch 1947 schreibt er an den Kollegen William Faulkner: „Mein eigenes Land. Die Bäume weg. Abgeholzt. Nichts übrig außer Tankstellen, Parzellierungen, wo wir in der Prärie Schnepfen gejagt haben ..."

Seine Trauer über den Eingriff in die Landschaft kommt deutlich in der schon erwähnten Story „Das Ende von Etwas" zum Ausdruck, als Nick mit Marjorie in einem Boot über die Horton Bay rudert und zu Beginn den Verfall der großen

---

⁵ Susan Beegel, *Hemingway's Craft*, S. 52–53.

Sägemühle und den Abtransport aller Gerätschaften beklagt. Alles, was „eine Mühle zu einer Mühle" und „eine Stadt zu einer Stadt" machte.

In der Tat hat der Verlust der ursprünglichen Wälder dem Land Michigan Wechsel und Niedergang gebracht. Als die Bäume alle geschlagen waren und die Schienen der Eisenbahnen verwaisten, starben die Städte, verschwanden oder gingen bis auf eine Handvoll Häuser langsam zugrunde.

Doch so gravierend der Wandel seit Hemingways Kinder- und Jugendtagen auch sein mag: Wenn man heute von Walloon Lake nach Petoskey fährt, kann man die Straße noch erkennen, die Hemingway in der Geschichte „Als die Indianer fortzogen" beschrieben hat:

Die Straße nach Petoskey zog sich von Grandpa Bacons Farm schnurgerade hügelauf. Seine Farm befand sich am Ende der Straße. Obwohl es immer so schien, als würde sie an seiner Farm beginnen und führe von dort nach Petoskey, entlang an der Baumgrenze, den lang gestreckten Hügel hinauf, steil und sandig, um irgendwo in den Wäldern zu verschwinden, vor denen die ausgedehnten Böschungen der Felder endeten, kurz vor dem Hochwald ... Es ging hügelauf und hügelab, durch Wälder mit Büschen voller Beeren und Buchenschösslingen auf beiden Seiten, deren Wuchs periodisch zurückgeschnitten werden musste, um die Straße nicht überwuchern zu lassen.

Im Sommer pflückten die Indianer die Beeren am Straßenrand und brachten sie, in Eimer gefüllt, hinunter zu den Ferienhäusern, um sie dort zu verkaufen. Rote Waldhimbeeren, zerdrückt unter ihrem eigenen Gewicht, abgedeckt mit Lindenblättern, um sie kühl zu halten, später Brombeeren, fest und frisch glänzend, eimerweise. Die Indianer kamen durch die Wälder zum Cottage am See. Man konnte sie nicht kommen hören, plötzlich waren sie da, standen, mit ihren Blecheimern voller Beeren, an der Küchentür.

„Grandpa Bacon" war der erwähnte Henry Bacon, der im Jahre 1898 den Hemingways das Grundstück für das Cottage Windemere verkauft hatte. Die Bacons wurden gut Freund mit den Hemingways, und bevor die ihre eigene Farm kauften, versorgte Henry Bacon die Familie mit Milch, Fleisch, Butter und Gemüse, und die Kinder der Hemingways erlebten auf Bacons Farm während des Sommers das Landleben. Dafür erhielten die Bacons im Gegenzug für wenig oder gar kein Geld medizinische Betreuung von Vater Hemingway. Ernest hat Henry Bacon mit der Wegbeschreibung nach Petoskey in der Kurzgeschichte ein kleines Denkmal gesetzt.

Die Straße ist allerdings nicht mehr in dem Zustand, in dem sie vor ungefähr einhundert Jahren war, als Hemingway sie beschrieben hat. Ein heutiges Auto würde den damaligen Weg kaum ohne Hilfe schaffen. Die Straßen, auch die nach

Petoskey, bestanden nur aus einer Sandbahn, auf denen durchschnittlich mit 15 Stundenkilometern gefahren werden konnte. Das galt aber nicht einmal für den Weg nach Petoskey. Es geht hügelan, was bedeutete, eine sandige Steigung zu bewältigen. Schaufel und Axt musste man damals dabeihaben. Das ist nicht mehr nötig, und man kann sich ungestört an der Natur erfreuen und am Anblick, der sich dem Autofahrer auf der hügeligen Piste bietet. Wie in den USA häufig, tut sich auch hier von einer Hügelkuppe aus gesehen eine endlos scheinende auf- und abführende Straße auf. Allerdings nur auf dem alten Weg. Es gibt einen neuen Highway 31. Dort habe ich das nicht erlebt.

Aber selbst wenn Hemingway die Änderungen der Landschaft missfallen haben, liebte er das Land, wie ein Ausspruch von ihm anlässlich einer Autofahrt mit seiner ersten Frau Hadley durch Little Traverse Bay beweist: „Guck dir das an. Da spricht man von der Schönheit der Bucht von Neapel. Ich habe beides gesehen, und kein Ort ist schöner als Little Traverse in seinen Herbstfarben."

Ich habe auch beides gesehen und schaue von meinem italienischen Domizil immer auf den Golf von Neapel. Sehr schön.

Wenn diese Bucht mich allerdings fragen würde: „Wer ist die Schönste im ganzen Land", müsste ich antworten:
„Du bist die Schönste, aber Little Traverse in seinen Herbstfarben ist tausendmal schöner als du.
Eine besondere Landschaft beschreibt Hemingway in *Das letzte gute Land*. Das Waldgebiet liegt nordöstlich von Horton Bay. Aber nicht nur die Landschaftsbeschreibung in der Geschichte beeindruckt. Er schildert, was die Menschen, die Holzfäller, den Wäldern Michigans angetan hatten, und Nick und seine Schwester, die gemeinsam unterwegs sind, unterhalten sich darüber:
Sie kamen aus der prallen Sonne der abgeholzten Flächen in den Schatten der großen Bäume. Der Kahlschlag lief hoch bis zur Spitze des Hügels und darüber hinaus und danach begann der Wald. Sie gingen nun auf dem braunen, federnden Waldboden, der sich kühl unter ihren Füßen anfühlte. Es gab kein Unterholz und die Baumstämme ragten sechzig Fuß hoch in den Himmel, bevor sie Zweige hatten ... Während sie gingen, drang kein Sonnenstrahl durch. Seine Schwester nahm seine Hand und ging dicht neben ihm.
„Ich fürchte mich nicht, Nickie, aber ich fühle mich sehr unbehaglich."
„Geht mir genauso", sagte Nick. „Geht mir immer so."
„Ich war noch nie in einem Wald wie diesem."

„Das ist der einzige unberührte Wald hier in der Gegend ... Mache dir keine Sorgen. Genieße es nur, Littless. Das ist eine gute Erfahrung für dich. So sahen die Wälder in den alten Tagen aus. Dies hier ist das letzte gute Land, was übrig ist. Keiner kommt jemals hierher."
Das letzte gute Land ist keine Kurzgeschichte, obwohl in den Nick Adams Stories enthalten, sondern der Anfang eines Romans, den Hemingway leider nie zu Ende geschrieben hat. Er baut auf 63 Seiten soviel Spannung auf, dass es mich schmerzte, als ich feststellen musste, dass die Geschichte mittendrin aufhört. Die Idee dazu ging anscheinend auf ein besonderes Jugendereignis Hemingways im Jahre 1915 zurück, den „Vorfall mit dem Reiher". Ernest hatte um seinen 16. Geburtstag am 21. Juli herum einen dieser Vögel aus dem Schilf aufgescheucht und abgeschossen. Anscheinend, um ihn seinem Vater zu schenken, dem ein solches Exemplar in dessen Sammlung ausgestopfter Tiere noch fehlte.
Ernest versteckte ihn, in Zeitungspapier eingewickelt, in seinem Boot, wo er von dem Sohn des örtlichen Wildhüters gefunden wurde, der ihn, Ernest, daraufhin zur Rede stellte. Der gab an, er habe den Reiher von einem ihm unbekannten Mann erhalten. Trotzdem erschienen am nächsten Tag zwei Aufseher in Windemere und befragten Grace Hemingway. Ihr hatte Ernest alles erzählt. Sie schlug ihrem Sohn vor, sich

auf der anderen Seite des Sees auf ihrer Longfield Farm zu verstecken. Somit war er nicht da, als die beiden Fremden auftauchten. Grace schilderte ihrem Mann gegenüber die Begegnung in einem Brief folgendermaßen: „Ich hielt sie für Einbrecher oder irgendwelche Bösewichte. Sie hatten so eine fiese, anzügliche, spöttische Art und wollten nicht sagen, was sie wollten. Sie bombardierten mich mit Fragen ... Ich sagte, wenn Sie so viel von mir und meiner Familie wissen, können Sie doch Ihre Frechheiten bleiben lassen. So über eine einsame Frau und ihre kleinen Kinder herzufallen, ohne zu sagen, worum es geht und ohne sich auszuweisen und dann noch unverschämte Fragen zu stellen, das ist einfach kein Benehmen ..."[6]

Grace Hemingway gab ihrem Sohn nach dem Besuch der beiden Männer den Rat, sich nach einem besseren Versteck umzuschauen, und er befolgte ihn. Zunächst begab er sich zu Jim Dilworth und seiner Frau Liz ins Pinehurst Cottage. Seine Flucht vor den Wildhütern führte ihn dann zum Sommerwohnsitz seines Onkels, der auf der gegenüberliegenden Seite des Lake Charlevoix in der Nähe von Ironton lebte. Später jedoch bekannte sich Ernest auf Anraten seines Vaters schuldig und bezahlte ein Bußgeld

---

[6] Kenneth S. Lynn, *Hemingway*, S. 66/67.

von 15 Dollar. Bis auf die Flucht zum Onkel sind die Ereignisse im Romanentwurf *Das letzte gute Land* enthalten.

In der Geschichte spielt eine der Schwestern Hemingways eine Rolle. Sie begleitet ihn auf der Flucht. In der realen Welt, als der Reiher geschossen wurde, war es Sanny, die zu diesem Zeitpunkt zehneinhalb Jahre alt war. Sie war auch dabei, als Hemingway der Mutter davon erzählte. Ob es sich bei ihr jedoch um die Schwester handelte, die Nick im Text mit dem Kosenamen Littless anspricht, ist höchst zweifelhaft. Es wird eher Ursula gewesen sein. In der Story wird sie so beschrieben:

Seine Schwester war braun gebrannt. Sie hatte dunkelbraune Augen, und ihre Haare waren von ebensolcher Farbe mit von der Sonne gebleichten blonden Streifen darin. Sie und Nick liebten einander und daneben niemanden sonst von den anderen. Sie dachten vom Rest der Familie immer nur als von „den anderen".

In der Tat waren Ursulas Haare und Augen von dunkelbrauner Farbe, und es spricht einiges dafür, dass sie es ist, die als Littless erscheint. Es gibt in den Nick-Adams-Geschichten einen weiteren Hinweis auf die besondere Beziehung, die Hemingway zu einer seiner Schwestern hatte: In „Väter und Söhne", als Nick sich über den unangenehmen Geruch seines Vaters auslässt.

Nick liebte seinen Vater, aber hasste dessen Geruch. Als er einmal die Unterwäsche, die seinem Vater zu klein geworden war, auftragen sollte, wurde er ganz krank davon, zog sie aus und versteckte sie im Bach, unter zwei Steinen ... Als Nick nach Hause kam und sagte, er habe die Unterwäsche verloren, bekam er für diese Lüge eine Tracht Prügel. Danach saß er bei offener Tür im Schuppen, mit geladener und gespannter Flinte, und schaute herüber zu seinem Vater, der auf der Veranda Zeitung las und dachte: „Ich kann ihn zur Hölle schicken. Ich kann ihn töten". Schließlich, als der Ärger nachließ, fühlte er sich ein wenig niederträchtig, weil er das Gewehr von seinem Vater bekommen hatte.

Es heißt in der Geschichte weiter, dass es „nur eine Person in seiner Familie" gab, „deren Geruch er mochte, eine seiner Schwestern".

Das Verhältnis von Nick und Littless im Text übertrifft das, was unter reiner Geschwisterliebe verstanden wird. Dieser Eindruck zieht sich durch die ganze Erzählung und beginnt mit einem Kuss am Anfang, wobei Littless ihren Bruder mit beiden Armen umschlungen hält.

Später sagt Nick zu ihr: Ich möchte dich küssen, und schließlich wird die besondere Zuneigung deutlich in einer Szene, in der Littless sich auf Nicks Schoß setzt, ihn umarmt und ihren Kopf an seine Wange schmiegt. Nach einer Weile bittet Nick sie abrupt, zu verschwinden und begründet dies damit, das Essen zubereiten zu wol-

len. Daraufhin fragt sie ihn, ob sie ihn küssen dürfe, während er sich um das Abendessen kümmert. Die Annahme einiger Kommentatoren, Nick habe Littless von seinem Schoß verwiesen, weil er eine Erektion gehabt hätte, gibt der Text nicht her. Dass allerdings in der Tat Littless' Verhalten über das geschwisterliche Verhältnis hinausgeht, bleibt Nick nicht verborgen. Er sorgt sich darüber:
Er liebte seine Schwester sehr, und sie liebte ihn zu sehr. Aber, dachte er, das wird sich schon geben. Hoffe ich wenigstens.
In Littless' Lebensvorstellung allerdings wird sich das nicht geben, und wie sie sich die Zukunft vorstellt, wird beim Frühstück deutlich. Nick fragt:
„Hast du gut geschlafen?"
„Ich schlafe noch. Nickie, können wir nicht immer hier bleiben?"
„Das geht nicht. Du wirst heranwachsen und dann heiraten."
„Heiraten werde ich sowieso nur dich. Ich werde deine common-law Frau. Ich habe darüber in der Zeitung gelesen."
„Du hast dort über das Ungeschriebene Gesetz gelesen."
„Ja. Ich werde deine common-law Frau nach dem Ungeschriebenen Gesetz. Meinst du nicht, Nickie?"
„Nein."

„Ich will aber. Ich werde Dich überraschen. Alles, was man machen muss, ist eine bestimmte Zeit als Mann und Frau zusammenzuleben. Ich werde ihnen sagen, dass diese Zeit ab jetzt zählt. Es ist wie Siedlungsland besetzen."
„Ich werde es dich nicht anmelden lassen."
„Das kannst Du nicht verhindern. Es ist das Ungeschriebene Gesetz. Ich habe es mir oft vorgestellt. Ich lasse Karten drucken mit Mrs. Nick Adams, Cross Village, Michigan, common-law Frau. Ich werde sie öffentlich, bis die Zeit abgelaufen ist, jedes Jahr einigen Leuten aushändigen."
„Ich glaube nicht, dass es funktioniert."
„Dann habe ich einen anderen Plan. Wir werden bereits einen Haufen Kinder haben, während ich noch minderjährig bin. Dann musst du mich nach dem Ungeschriebenen Gesetz heiraten."
„Das ist kein Ungeschriebenes Gesetz."
„Nein? Ich bringe das wohl immer durcheinander."
„Egal, kein Mensch kann jetzt sagen, ob das funktioniert."
„Es muss", sagte sie.

Der Begriff „common-law" ist in englischsprachigen Ländern für ein Rechtssystem gebräuchlich, das sich auf höchstrichterlich entschiedene Rechtsfälle statt auf Gesetze bezieht.

Man erfährt auch hier wieder, wie sehr das Werben von der kleineren Schwester ausgeht. Eine

Schwärmerei, die über das normale Maß hinausging.

Aber die Erwartungen Nicks, aktuell oder für die Zukunft, entsprechen nicht, wie die zitierten Passagen der Geschichte zeigen, denen von Littless.

Im realen Leben gibt es keine weiteren Hinweise auf inzestuöse Beziehungen zwischen Hemingway und einer seiner Schwestern. Allerdings hat er Ursula besonders geschätzt und sich immer liebevoll über sie geäußert. Seiner anderen Schwester Sanny stand er auch deutlich positiver gegenüber als seiner ältesten, Marcelline. Dies ist bemerkenswert, weil sie von Ernests Mutter als seine „Zwillingsschwester" betrachtet und aufgezogen worden war. Sie versuchte die ganze Zeit ein besonderes geschwisterliches Band zwischen den beiden zu knüpfen. Ein Brief, den Ernest 1949 an seinen Verleger, Charles Scribner, schrieb, zeigt, dass es ihr nicht gelungen war und macht Hemingways Verhältnis zu seinen Schwestern deutlich. In dem Schreiben beschwert er sich über einen Artikel, der über ihn in der Zeitschrift McCalls erschienen war: „Wie kommt diese miese McCalls-Frau nur auf die Idee, dass sie über unsere Familie schreiben könnte! Einfach darüber schreiben, inwiefern ich mich von meinen weniger talentierten Brüdern und Schwestern unterscheide, von Marcelline,

dieser Hexe, von meiner reizenden Ura (Kosename für Ursula) und meiner jüngeren Schwester Sanny, die in der Schulmannschaft (der Jungen) mitmacht und wie ein Engel Harfe spielt?
Es kann daher als gesichert gelten, dass es Ursula war, die er als Charakter für die Schwester Nicks in *Das letzte gute Land* benutzte. Zu ihr hatte Ernest sein ganzes Leben Kontakt, selbst als sie später auf Honolulu lebte. Ursulas Schwärmereien für den großen Bruder hielten ebenfalls ein Leben lang. Sie bewunderte ihn. Das ergibt sich aus der Kurzgeschichte, in der sie darauf besteht, ihn später, wenn sie erwachsen wären, zu heiraten. Ein weiterer Beweis für ihre Liebe zum großen Bruder, gar ein beinahe demütiger, findet sich in ihrem Verhalten, kurz nachdem Ernest verwundet aus dem Krieg heimgekehrt ist. Ursula, damals 17 Jahre alt, wartete auf den Treppenstufen zu Ernests Zimmer, damit sie wach werden würde, wenn er nach Hause käme. Sie meinte, es wäre schlecht für einen Mann allein zu trinken. Sie trank dann etwas Alkoholfreies mit ihm, bis er schlafen ging, und schlief bei ihm, damit er nachts nicht allein war. Sie schliefen immer bei eingeschaltetem Licht. Es sei denn, sie löschte es, nachdem er eingeschlafen war, blieb aber selbst wachsam und schaltete es wieder ein, wenn er wach wurde.

Die Tragik der Selbstmorde von Ernest und Ursula empfinde ich schmerzlich, wenn ich Nick und Littless, als ihr Alter Ego ansehe und ihre trotz der Umstände lebensfrohe und unbeschwerte Wanderung durch die Natur begleite. Junge Menschen, die von einer Zukunft reden, die zwar ungewiss oder gar unmöglich erscheint, aber immerhin von Träumen durchzogen ist, die Aussicht auf Glück aufzeigen und Unbekümmertheit erhoffen lassen. Sie betrachten die Welt um sich herum als lebenswert und lieben, sich in der Natur zu bewegen.

Etwas, das ich insgesamt für Hemingways Leben in Michigan erkenne. Ansonsten hätte es nicht in seine Geschichten einfließen können. Mit zwei Szenen aus dem Romanentwurf *Das letzte gute Land* möchte ich die Zuneigung, die beide füreinander empfanden, und den einfühlsamen Charakter von Littless (Ursula) beleuchten. In der ersten wird deutlich, wie schmerzlich die Flucht aus Horton Bay für Bruder und Schwester war:

Als sie auf dem Hügel standen und zurückblickten, sahen sie den See im Mondschein, die Halbinsel und dahinter die Hügel am jenseitigen Ufer:

„Wir sollten uns auch von ihm verabschieden", sagte Nick Adams.

„Auf Wiedersehen, See", sagte Littless. „Ich liebe dich."

Die zweite Szene zeigt, dass Jagdleidenschaft nicht allein durch Erziehung und Umgebung bedingt ist. Vielmehr bedarf es charakterlicher Prägungen. Littless ist genauso wie Nick erzogen worden und in der derselben Gegend aufgewachsen. Trotzdem betrachtet sie das Jagen anders als ihr Bruder. Bei ihm erkennt man bereits die spätere Jagdleidenschaft Hemingways.

Sie waren weitergegangen, und plötzlich hob Nick sein Gewehr und schoss, bevor seine Schwester sehen konnte, was er gesehen hatte. Dann hörte sie einen großen Vogel flügelschlagend zu Boden stürzen. Sie sah Nick die Waffe nachladen und zwei weitere schießen ... Nick ging ins Gebüsch, holte die drei Moorhühner, schlug deren Köpfe gegen den Schaft der Flinte und legte sie im Moos aus. Seine Schwester berührte sie. Sie waren warm, vollbrüstig und hatten hübsche Federn.

„Warte, bis wir sie essen", sagte Nick. Er war sehr zufrieden.

„Sie tun mir jetzt leid", sagte seine Schwester. „Sie haben sich genauso an dem Morgen erfreut wie wir."

Kapitel 5

Ich mag seine Schwester. Aber wie ist es mit Nick? Wie ist es mit Hemingway? Als Schriftsteller ist er unbestritten eine herausragende Persönlichkeit, ein Autor von Weltgeltung, dessen Werk weit über seinen Tod hinaus wirkt und wirken wird. Als Mensch kann man ihn nicht als herausragend bezeichnen. Sein Leben steht eher für das Gegenteil. Er führte es, als wäre es keinen Werten verpflichtet. Damit ist nicht nur die martialische Art gemeint, die auch im letzten Text aufscheint.

Er war, was man früher einen ‚Trunkenbold' nannte. Heute heißt es: Alkoholiker. Nachdem ich mich näher mit seiner Kindheit und Jugend beschäftigt hatte, ahnte ich die Tragik seines Lebens. Die Sensibilität des jungen Schriftstellers, die sich unter anderem deutlich in den Textpassagen äußert, in denen Littless beim Abschied zu dem See sagt: „Ich liebe dich", oder als sie die Lebensfreude in der sommerlichen Natur, die sie mit ihrem Bruder verspürt, den übrigen Geschöpfen ebenfalls zuspricht. Hier den getöteten Vögeln.

Seitdem ich Landschaft und Umgebung kenne und Hemingways besondere Liebe dazu, seit ich weiß, dass die Natur Refugium für ihn war und ihm gerade in der Zeit seiner Adoleszenz die notwendigen Impulse für seine spätere Karriere als Schriftsteller gegeben hat, und wenn ich dagegen die unglücklichen Verhältnisse der näheren Familie bedenke, die als eine der Ursachen für sein unglückliches Leben anzusehen sind, bleibt mir nur, tiefes Mitgefühl für ihn zu empfinden. Er fühlte sich unverstanden, was ihm hinsichtlich der Mutter nicht viel bedeutete. Aber bei seinem Vater, den er liebte, war das anders. Ihn benötigte er als ein Vorbild. Als jemanden, an dem er sich orientieren konnte. Was er dagegen sah, war ein hilfloser Mann. Was Ernest im Vater vermisste, verstärkten die haltlosen Teile seines eigenen Charakters. Die emotionalen Verluste, die er empfand, sind einerseits eine der Ursachen für sein depressives Leben. Ich leite daraus aber auch ab, dass all das, was zu seinem Verhalten geführt hat, andererseits seinen literarischen Erfolg bestimmt hat.

Hemingway hat mit wenigen Worten bereits in seinen ersten Geschichten Charaktere lebendiger erscheinen lassen, als es anderen Kollegen möglich war und ist. Die starke Naturverbundenheit in ihnen zeichnet seine Werke auch später aus.

Ein solcher Schriftsteller muss über eine tiefe Seele verfügen. Im täglichen Leben allerdings hatte er sich den Zugang zu ihr verschlossen. Alles Handeln und Erleben sperrte er aus. Seinem Leben fehlte dieser Teil. Besser gesagt, er versagte ihn sich aus Angst davor, nicht als der wundervolle Mann gesehen zu werden, für den er sich hielt. Nicht als der, für den er sich aufgrund der Erfahrungen seiner Kindheit halten musste, mit einem schwachen Vater, den es zu ersetzen und einer dominanten Mutter, die es zu übertrumpfen galt. Woher sollte er wissen, wie es anders sein konnte?

Das Verhältnis zur Mutter beschreibt ein Gefährte Ernests aus dem Zweiten Weltkrieg so: „Solange ich EH kenne, hat er seine Mutter immer nur als ‚diese Hexe' bezeichnet. Er muss mir tausendmal gesagt haben wie sehr und aus wie vielen Gründen er sie hasste."

Aus Hemingways Aufzeichnungen gehen die Gründe allerdings nicht genau hervor. Sicher ist, dass einer davon war, wie sie seinen Vater behandelte. Mit Ende dreißig schrieb er einmal: „Er (der Vater) war mit einer Frau verheiratet, mit der er nicht mehr gemeinsam hatte, als ein Kojote mit einem weiblichen Pudel ..."

Ernest machte sie später dafür verantwortlich, dass sein Vater sich das Leben genommen hat.

Die tatsächlichen Gründe mögen in dessen Gesundheitszustand gelegen haben. Er litt unter anderem an Diabetes. Auch gab es Geldsorgen. Eine unglückliche Investition in Florida brachte finanzielle Schwierigkeiten. Nach Angaben von Ernests Bruder Leicester bat der Vater Ernest um finanzielle Hilfe, die der umgehend schickte. Der Brief mit dem Geld seines Sohnes lag noch ungeöffnet im Arbeitszimmer von Dr. Hemingway, als er sich am 6. Dezember 1928 erschoss.

Wenn Ernest sich auch nicht im Detail dazu geäußert hat, weshalb er seine Mutter ablehnte, kann man es aus deren Verhalten ihm gegenüber gut herleiten.

Sie wollte ihn eher feminin. Als „Zwillingsschwester" der ein Jahr älteren Marcelline. Kleidete ihn als Mädchen und behandelte ihn entsprechend. In der damaligen Zeit konnten Kinder ab dem Alter, ab dem sie laufen konnten, entweder an ihrer Kleidung oder Frisur als Jungen erkannt werden. Nicht so der kleine Ernest. Seine Mutter setzte sich in den Kopf, Marcelline und ihn wie Zwillinge zu behandeln. Die Kinder trugen die gleiche Kleidung oder Frisur, schliefen im selben Zimmer in identischen Betten, hatten dasselbe Puppenspielzeug und wurden ermuntert, alles zusammen zu tun.

Später schickte die Mutter beide gemeinsam zum Angeln, auf Wanderungen und zu Freunden. Sie wollte sie nicht nur aussehen, sondern auch fühlen lassen wie Zwillinge und unternahm alles, damit sie beieinander sein konnten. Sie ließ sie zusammen ausgehen oder schenkte ihnen Zweier-Jahreskarten für die Oper. Selbst nachdem Ernest erste Verabredungen mit Mädchen hatte, schaffte sie es, ihn mit seiner Schwester Marcelline auf einen Studentenball zu schicken.

Einen denkwürdigen Gipfel erlangte der Wahn der Mutter damit, dass sie Marcelline ein Jahr später gleichzeitig mit Ernest zur Schule schickte. Aber der fühlte sich nicht zu dieser Schwester hingezogen. Als er 22-jährig heiraten wollte, versuchte seine Mutter, die über das abgekühlte Verhältnis der beiden bekümmert war, dafür zu sorgen, dass er an Marcelline schreiben möge. Sie, Marcelline, sei „fix und fertig", teilte die Mutter mit, und leide unerträgliche Nervenqualen, seit sie von seiner bevorstehenden Hochzeit gehört habe.

Aber Ernest dachte nicht daran, ihr zu schreiben. Ihr angeblicher Seelenzustand interessierte ihn nicht sonderlich, denn sein Verhältnis zu ihr war alles andere als geschwisterlich liebevoll, wie sich aus einem Brief aus dem August 1949 an seine andere Schwester Sanny ergibt. Darin schreibt er: „Ich habe Marce, solange ich sie kenne, und das ist jetzt ein halbes Jahrhundert, für ein komplettes Miststück gehalten, und will nichts mehr mit ihr zu tun haben."

In der Tat muss Marcelline sich damals bei Ernests Hochzeit in einem Zustand befunden haben, der ihr nicht gefiel, denn sie blieb der Feier fern, was den Bräutigam nicht gestört haben wird.

Dass eine solch mütterliche Manipulation entscheidenden Einfluss auf die Entwicklung des Sohnes hat, wird wohl niemand bestreiten. In den Biografien heißt es, dass er einerseits bereitwillig die Schwester seiner Schwester spielte, andererseits auf seinem Geschlecht beharrte. Auch ist die Mutter nicht konsequent in ihrem Wunsch, Ernest als Mädchen zu behandeln, wie die Kleiderordnung in den Ferien in Michigan zeigt. Seit Anbeginn eine „identische" Schwester zu haben, war eine schwerwiegende Störung der frühen Einstellung Hemingways zu sich selbst. Seine Geschlechtszugehörigkeit und sein Körperbewusstsein gipfelten in Fragen: „Bin ich ein Junge oder ein Mädchen?" oder: „Was bin ich oder was bin ich nicht?"

Wenn ein Junge verwirrt ist über sein Ich, seinen Körper und seine Geschlechtszugehörigkeit bleibt das nicht ohne Folgen für seine spätere Entwicklung, insbesondere diejenige dem anderen Geschlecht gegenüber.

Aber die Höhepunkte in den Verstimmungen zwischen der Mutter und Ernest sollten erst nach seinem Kriegseinsatz in Europa folgen. Als er von dort zurückkam, führte zu ständiger Kritik, dass er sich ihrem Wunsch widersetzte, aufs College zu gehen. Außerdem befand sich seine Mutter in körperlich schlechter Verfassung. Sie plagten Kopfschmerzen sowie Gicht in Schultern und Armen. In dieser Atmosphäre verbrachte Ernest zu Hause seine Zeit mit dem Schreiben von Kurzgeschichten, die allerdings alle zurückgewiesen wurden. Wenn er nicht schrieb, vergnügte er sich mit Freunden.
Im Frühsommer 1919 fuhr man wie immer nach Michigan. Die Spannungen zwischen Mutter und Sohn wuchsen. Er verhielt sich in ihren Augen wie ein störrischer Junge, der zu Hause nicht mit anfasste, nur rauchend und lesend in der Ecke saß oder seine Zeit damit verbrachte, mit seinem Freund Bill in dessen Auto durch die Gegend zu brausen oder mit einem rothaarigen High-School-Mädchen namens Marjorie auszugehen. Ernest hingegen ärgerte sich darüber, dass er trotz der Erfahrungen, die er bisher in seinem Leben gemacht hatte, von seiner Mutter immer noch wie ein kleines Kind behandelt wurde. Aber die Mutter war auch in anderer Hinsicht bedenkenswert, und das betraf gerade den zentralen Bereich der Mutterliebe.

Ihr krudes Verständnis davon kann man in einem Brief erkennen, den sie ein Jahr später ihrem damals 21-jährigen Sohn mitgegeben hat, nachdem sie ihn nach einem Streit aus Windemere hinausgeworfen hatte.

Das Schreiben musste sie lange vorbereitet haben, und ich vermute, dass es wohlüberlegt war. Die Liebe einer Mutter vergleicht sie darin mit einem Konto, einem Unterstützungsfond, von dem in den ersten fünf Jahren nur abgehoben werde. Es sei die Zeit, in der die Mutter „leiblicher Sklave" sei. Selbst danach werde nur abgehoben, allerdings in ganz geringem Umfang auch etwas eingezahlt, beispielsweise bereitwilligst geleistete Gefälligkeiten, ein bisschen Rücksichtnahme und das eine oder andere Dankeschön. Nach der Pubertät (das Konto ist bedenklich geschrumpft) wird immer noch ausgezahlt: Liebe und Verständnis. Aber jetzt sei es notwendig, dass etwas eingezahlt werde, und zwar „hohe Beträge". Es folgt eine Reihe von Aufzählungen, wie diese auszusehen hätten. Vor allem Dankbarkeit und Verständnis. Dies gilt allgemein, und im Einzelnen wird die Mutter konkret und fordert etwa: „Blumen, Obst, Naschwerk oder etwas Hübsches zum Anziehen, der Mutter mit einem Kuss und einer Umarmung nach Hause gebracht" oder „heimlich Rechnungen bezahlen, nur damit sie die Mutter nicht mehr belasten".

Grace kennt Mütter, die dies alles und noch mehr von ihren Söhnen bekommen. Aber von Ernest erhält sie nichts von alledem. Im Anschluss an das Kontoüberziehungsgleichnis folgen Vorwürfe. Sie verweist auf seine Herkunft („Du entstammst einem Geschlecht von Gentlemen") und zum Schluss spricht sie die Hoffnung aus, er möge sich besinnen und verspricht ihm für diesen Fall Erlösung in Form ihrer Liebe, die dann wieder für ihn da sei.
Ich mochte es nicht glauben. Aber ich habe den Brief gesehen. Man kann sich die Mutter nur als eine vom Leben sehr enttäuschte Frau vorstellen.
Grace war als junges Mädchen eine begabte Sängerin und konnte sich mit Unterstützung ihrer Eltern auf ihren Musikunterricht konzentrieren. Man glaubte, dass sie das Potenzial für eine Karriere als Opernsängerin hätte. Sie wurde für ein Leben auf der Bühne präpariert. Nach Abschluss der High School unterrichtete sie Musik und schulte ihre Stimme für eine Gesangskarriere. Aber ihre Hoffnungen gingen nicht in Erfüllung. Im Frühjahr 1896 gab sie ihr Debüt im Madison Square Garden in New York. Sie erlitt dabei so unerträgliche Kopfschmerzen, dass sie sich dem nicht noch einmal aussetzen wollte. Gegen den Rat ihres Gesanglehrers beendete sie ihre Karriere und heiratete Dr. Clarence Hemingway.

Dazu erzogen, sich aus der Küche herauszuhalten wann immer sie nur konnte, lebte sie auf einmal das Leben einer Hausfrau.

Die Träume einer großen Karriere waren ausgeträumt und die Bedürfnisse daraus ungestillt. Ein Mensch, der eine solche Entwicklung erlebt, unterliegt häufig dem Zwang, die eigenen Erwartungen auf seine Kinder zu übertragen.

Statt den Kindern Liebe und Fürsorge entgegenzubringen, unterliegt deren Verhalten einer besonderen Beobachtung. Die Hinwendung zu ihnen richtet sich nach den Vorstellungen, wie sie zu sein haben. Hemingways Verhältnis zu seiner Mutter war schlecht. Das änderte sich auch nicht, als er erwachsen war. Auch ihr Tod änderte das nicht, denn der Beerdigung seiner Mutter blieb Hemingway fern.

Anders war es mit seinem Vater. Obwohl Hemingway auch ihn ablehnte, weil er ihn für einen Schwächling hielt. Aber auch dafür machte er seine Mutter verantwortlich. Wenn man im Verhältnis zu ihr keine Hinweise auf eine tiefe emotionale Verbundenheit findet, ist das beim Vater anders. Aus der Kurzgeschichte „Väter und Söhne" erfährt man, wie sehr Ernest ihn geliebt haben muss. Die Geschichte ist erstmalig 1933 in dem Kurzgeschichtenband *Der Sieger geht leer aus* veröffentlicht worden, fünf Jahre nach dem Tod des Vaters.

Wenn Hemingway über Nicks Vater schreibt, kann man das, was Nick widerfährt, was er erlebt hat und wie er fühlt, auf die Erlebnisse und Gefühle des jungen Ernest übertragen. In der nachfolgenden Szene fährt Nick Adams mit seinem jungen Sohn durch die Landschaft. Er denkt mit viel Wärme an seinen eigenen Vater:

Er war sentimental, und wie die meisten sentimentalen Menschen war er beides, grausam und misshandelt ... Alle sentimentalen Menschen werden so oft betrogen ... Nick war ein Junge und er war seinem Vater für zwei Dinge sehr dankbar: Fischen und Jagen. Sein Vater wusste auf diesen beiden Gebieten Bescheid, sowenig er zum Beispiel vom Sex verstand, und Nick war froh darüber, dass es so war. Es muss jemanden geben, der dir deine erste Flinte gibt ... und du musst da leben, wo man jagen oder fischen lernen kann, und heute, mit achtunddreißig, liebt er es genauso, zu fischen und zu jagen, wie er es damals tat, mit seinem Vater. Es war eine Leidenschaft, die niemals vergeht und er war seinem Vater sehr dankbar dafür, ihm das vermittelt zu haben.

Alles andere, von dem sein Vater keine Ahnung hatte, ... lernt jeder Mann für sich selbst.

Es ist nachvollziehbar, dass ein Junge (Hemingway war bis zu seinem sechzehnten Lebensjahr der einzige Sohn seiner Eltern) in verzweifelter Liebe an seinem Vater hängt, obwohl dessen Strenge ihm seine Bedürfnisse vorenthält. Die, womöglich seltenen, Gelegenheiten, in denen der Vater nur für ihn da war und ihm etwas von seinem Wissen vermittelte, empfand er als etwas Besonderes. Hier ist der männliche Part des Vaters zu erkennen. Der Teil, der ansonsten hinter dessen dominanter Ehefrau zurücksteht. In diesen Momenten erfüllte der Vater die vom Sohn ersehnte Rolle. Als F. Scott Fitzgerald nach dem Tod von Hemingways Vaters an Ernest schreibt, antwortet dieser: „Ich habe meinen Vater ungeheuer gemocht und fühle mich zu elend – und auch krank usw. – um einen Brief zu schreiben, aber danken wollte ich Dir."

Den Vater geliebt, gemocht, verehrt, wenn er Vater war, und die Mutter zwischen den beiden. Eine schreckliche Konstellation. Ein Sohn, der sich zu seinem Vater hingezogen fühlt, der wiederum von der Mutter unterdrückt und erniedrigt wird, die wiederum den Sohn als Investment ansieht. Hatte Ernest danach eine Chance auf ein anderes Leben? Eine Chance, nicht in Abhängigkeiten abzugleiten? Nicht in Depressionen zu verfallen?

Wie kommt ein Junge, ein Heranwachsender damit zurecht? Einerseits ist da ein Vater, der alles ist, was man sich von ihm wünscht. Andererseits ist er ein Mann, der sich unterwürfig seiner Frau gegenüber verhält. Der Junge betrachtet das als Verrat an der Vaterfigur und bezeichnet ihn deshalb als Feigling.

Der Suizid des Vaters im Jahre 1928 stützt diese Auffassung. Sein eigenes Leben zu beenden, mit ihm nicht einverstanden zu sein, heißt, sich ihm zu entziehen. Ernests Vater hatte sein Leben mit einer Kugel beendet, wie später, im Jahre 1961, der Sohn es ihm nachtut und damit eindrucksvoll in seinem lebenslangen Wunsch scheitert, nicht zu sein wie der Vater.

Es ist ein hoher Preis, den Hemingway bezahlen musste – für seinen Nobelpreis, seinen Ruhm, für seine herausragenden schriftstellerischen Leistungen: eine unglückliche Kindheit und Jugend, was er auch selbst erkannte. Wenn dazu die Begleitumstände der Zeit männlich dominiert sind, die ersten Erfahrungen des Erwachsenseins mit Krieg einhergehen, ist nachvollziehbar, dass sich in einem Menschen der männliche Aspekt übermäßig entwickelt. Hemingway wurde im Ersten Weltkrieg schwer verletzt und für seine Tapferkeit ausgezeichnet. Seine Erfahrungen beschäftigten ihn sein Leben lang, und deren Auswirkungen sind in seinen Werken erkennbar.

Sein Leben war von seiner Seele entfernt, im Außen gelebt als ein Held. Es passte nicht. Alkohol war von früher Jugend an der Stoff, der die Seelentrennung überlagerte, konnte aber als Droge, wie üblich, nur scheinbar helfen. Das Leiden, das sich aus all dem entwickelte, versank in Depression. Eine ernste Krankheit, die, wie man heute weiß, dringender Behandlung bedarf. Fehlt sie oder ist sie unwirksam, wird dem Kranken das Leben zur Qual. Der Suizid bietet kurzfristig den Weg aus der Bedrängnis.

Er musste, um nicht als Versager dazustehen, sich in allen Belangen überlegen zeigen. Dazu gehörte viel Schauspielerei oder Aufschneiderei, und die entsprechenden Potenziale waren in seinem Charakter vorhanden. Alles Übrige blieb auf der Strecke. Unbändige Männlichkeit sollte die Welt mit ihm verbinden. Das war das gesteuerte Leben, und er glaubte, es meisterlich zu führen.

Die Welt allerdings war nicht so, wie Hemingway sie sich vorstellte. Sein Verhalten wurde nicht nur, wie von ihm beabsichtigt, bewundert. Sein Bild vor sich und anderen war mühsam zu zeichnen und erreichte nicht immer die erhoffte Wirkung. Insoweit verdient er alles Mitgefühl dafür, dieser Täuschung zum Opfer gefallen zu sein. Der Täuschung, ein Leben zu führen, um anderen zu gefallen oder sich selbst etwas zu beweisen.

Als Hemingway seinem Leben ein Ende bereitete, bestätigten sich für die ihm Nahestehenden die schlimmsten Befürchtungen. Es war früh am Morgen an jenem Sommertag in Ketchum, Idaho. Mary, seine Frau, schlief noch, als er auf die Veranda ging. In den Händen hielt er seine Jagdflinte mit zwei Patronen geladen. Dann zog er beide Abzüge durch. Mary hatte ihn erst kürzlich regungslos mit einem Gewehr in der Hand gefunden und es ihm abgenommen. Einmal hatte er versucht, aus einem Flugzeug zu springen, ein anderes Mal wäre er kurz vor dem Start fast in den rotierenden Propeller gelaufen. Jetzt hatte er es geschafft.

Hemingway hatte vier Schwestern. Sein Bruder wurde erst geboren, als Ernest 16 Jahre alt war, sodass er seine ganz Kindheit, fast nur von weiblichen Personen umgeben war. Das war für seine Entwicklung nicht nebensächlich. Der Versuch seiner Mutter, ihn mit seiner älteren Schwester Marcelline als Zwilling aufzuziehen, war zwar nicht erstrangig darauf angelegt, ihn feminin zu erziehen. Aber in Ansätzen gab es besonders in den ersten vier Jahren seines Lebens Vereinheitlichungen. Die geschlechtsspezifische Unsicherheit, die ihm damit zugemutet wurde, hat sein Verhalten in seinem späteren Leben entscheidend mitgeprägt, zumal sie einherging mit dem Vorbild, das der Vater ihm vorenthielt. Wollte Ernest nicht verweiblicht erscheinen, musste er mannhaft sein. Von frühester Kindheit an hatte er unterlassen, was er an seinem Vater am meisten hasste: ein Feigling zu sein.

Aber nicht nur Ernest Hemingways Freitod zeigt, dass es ihm schwerfiel, das zu vermeiden. Kein Geringerer als Norman Mailer bescheinigte ihm nach seinem, Hemingways, Ableben in einem Essay für den *Esquire* mit dem Titel „The Big Bite": „Wahrscheinlich war Hemingway gar nicht der tapfere Mann, der die Gefahr um der Gefühle willen, die sie ihm vermittelt, suchte. Die Wahrheit über seine Odyssee ist wohl eher die, dass er sein ganzes Leben lang gegen Feigheit und einen heimlichen Drang zum Selbstmord angekämpft hat, dass seine innere Landschaft ein Alptraum war und er seine Nächte im Ringen mit den Göttern verbrachte. Es könnte sogar sein, dass die endgültige Einschätzung seines Werks zu dem Ergebnis kommt, dass er in seinem Versagen tragisch, in seinen Leistungen aber heldenhaft war; denn es ist nicht auszuschließen, dass er Ängste mit sich herumtrug, die jeden schwächeren Mann als ihn erstickt hätten." Diese Meinung fasst aus berufenem Mund das Lebenselend dieses begnadeten Schriftstellers zusammen.

Hemingways tragisches Ende deutet darauf hin, dass er schließlich die Diskrepanz zwischen dem real geführten Leben und dem, das seinem wahren Charakter eher entsprochen hätte, unerträglich fand. In seinem Werk spiegelt sich durch eigene Inaugenscheinnahme die Sinnlosigkeit vieler Handlungen des Lebens und die Unbarmherzigkeit des Todes.

Im Ersten Weltkrieg als Sanitäter hatte er sich freiwillig für den Einsatz hinter der Front gemeldet. Später, im Spanischen Bürgerkrieg, nahm er ein Darlehen auf, um mit der Autorität seiner literarischen Stimme die Freiheitskämpfer zu unterstützen. Den Zweiten Weltkrieg begleitete er als Kriegsberichterstatter. Er brach zu zahllosen Großwildsafaris in Afrika auf und überlebte zwei Flugzeugabstürze. Es mag sein, dass für ihn, wie er selbst sagte, seine unglückliche Kindheit die günstigste Voraussetzung dafür war, ein guter Autor zu werden. Aber ebenfalls mag sein späteres Leben geholfen haben, ihn der bedeutende Schriftsteller werden zu lassen, der er war. Dies alles betrachtend, fällt es nicht schwer, die Weise, in der Hemingway gelebt hat, als eine Art Opfer für die Literatur zu bezeichnen.

Kapitel 6

Man sagt, dass die Gründe dafür, bei anderen etwas abzulehnen, häufig in einem selbst angelegt sind. Das mag womöglich zur Ablehnung der „feigen" Verhaltensweise des Vaters geführt haben, denn in der Geschichte „Drei Schüsse" erscheint ein ängstlicher Nick Adams:

Nachts im Wald fürchtete er sich immer ein wenig. Er ging in sein Zelt, zog sich aus und lag dann sehr still in seine Decken eingehüllt in der Dunkelheit. Das Feuer draußen war bis auf die Glut heruntergebrannt. Nick lag bewegungslos und versuchte zu schlafen. Nirgends ein Geräusch. Wenn nur ein Fuchs bellte oder er eine Eule hören könnte, würde es ihm besser gehen. Es war nichts Bestimmtes, wovor er Angst hatte, aber die Angst wuchs ....

Letzte Nacht im Zelt hatte er dieselbe Angst gehabt. Er hatte nur nachts Angst. Zuerst war es mehr eine Feststellung als Angst. Aber sie war immer an der Grenze zur Angst, und die wurde schnell überschritten. So schnell wie er anfing, sich wirklich zu fürchten, so schnell nahm er das Gewehr, hielt die Mündung nach draußen und schoss dreimal ...

Er legte sich nieder um auf seinen Vater zu warten und war eingeschlafen bevor dieser und der Onkel, auf der anderen Seite des Sees, ihr Licht auslöschen konnten.

Die Literatur über Hemingway ist voll von psychologisch gefärbten Annahmen und Schlussfolgerungen, und ich habe am Anfang dieses Kapitels eine hinzugefügt. Aber es handelt sich nur um Vermutungen. Genau wie die, dass Hemingway Kastrationsängste oder Fetische zugeschrieben werden, die ausführlich in einem eigenen Buch beschrieben werden (*Hemingway's Fetishism: Psychoanalysis and the Mirror of Manhood*). Außerdem Vorlieben für jungenhafte Frauen, unter anderem mit kurzen Haarschnitten. Oder Rassenfetischismus, der sich besonders in dem erst nach Hemingways Tod veröffentlichten Manuskript *The Garden of Eden* herauslesen lassen soll. Wobei ebenfalls auf die *The Nick Adams Stories* verwiesen wird, in denen Nick mit dem Indianermädchen Prudence Boulton seine ersten sexuellen Erfahrungen gehabt haben soll. Ich denke, man kann viel vermuten, und es gibt durchaus Anzeichen dafür, dass Hemingways Machogehabe nicht nur seinem Wunsch nach Anerkennung entsprach, sondern einige Teile von ihm verdecken sollte, die ihm an ihm selbst nicht gefielen oder von denen er nicht wusste, wie er damit umgehen sollte. Aber dass er sich mit weißen Frauen umgeben haben soll, vier von ihnen gar geheiratet hat, um einen Rassenfetisch zu verbergen, erschließt sich mir nicht.

Dass Mädchen und Jungen körperlich unterscheidbar sind, war Hemingway, der mit vier Schwestern aufgewachsen ist, nicht fremd; besonders in den Ferienmonaten konnte ihm das nicht verborgen bleiben. Ernest Vater hat ihm nicht nur das Fischen und Jagen beigebracht, sondern zeitgleich mit Marcelline auch das Schwimmen und hatte damit dem Zwillingswunsch der Mutter entsprochen, obwohl der Vater diesem ablehnend gegenüberzustehen schien. Ein besonderes Privileg für die Kinder der Hemingways war es, dass sie kurz vor dem Schlafengehen unbekleidet schwimmen gehen durften. Diese Angewohnheit behielten sie bis ins Teenageralter bei. Einmal abgesehen von dem nicht verifizierten inzestuösen Verhältnis zu seiner Schwester Ursula, scheint das erste Mädchen, das Ernest mit den Augen des Pubertierenden ansah, die zuvor im Zusammenhang mit dem vermuteten Rassenfetischismus erwähnte Indianerin Prudence Boulton gewesen zu sein. Sie war die Tochter von Nick Boulton, der wie alle Indianer im Sägewerk arbeitete. Er wird im ersten Satz der Story „Der Doktor und seine Frau" vorgestellt, heißt dort allerdings Dick:

Dick Boulton war aus dem Indianerlager gekommen, um für Nicks Vater Holz zu hacken. Er brachte seinen

Sohn Eddy und einen anderen Indianer namens Billy Tabeshaw mit.

Die Story ist insofern interessant, als dass der Indianer im Verlauf der Geschichte Nicks Vater des Diebstahls eines alten Baumstamms bezichtigt, obwohl dieser ihm erklärt hatte, dass der angeschwemmt wurde, nachdem er von einem Schiff ins Wasser gefallen war. Er wollte ihn nur aus dem Wasser haben, um ihn nicht verrotten zu lassen. Der Indianer beharrte aber darauf, Nicks Vater hätte ihn gestohlen, und es kam zu einem Streit – gefolgt von einem Wortwechsel zwischen Nicks Vater und Mutter. Die Mutter wird dort, wie Ernests es auch war, als eine sehr gläubige Christin dargestellt, die ihrem Mann den Rat gab, Streitereien aus dem Weg zu gehen. Diese Geschichte, 1924 erstmalig in der Zeitschrift *Transatlantic Review* veröffentlicht, ist die erste, die von Ernests Vater lobend erwähnt wird. Das verwundert umso mehr, als der Vater-Charakter dort keine positive Figur abgibt. Sowohl bei dem Streit mit den Indianern, bei dem er ziemlich großmäulig auftritt, um schließlich kleinlaut das Weite zu suchen, als auch später im Gespräch mit seiner Frau. Aber anscheinend hat er die Geschichte als reine Fiktion angesehen. Im tatsächlichen Geschehen hatten die Indianer „diesen alten Baumstamm" zersägt, und der Streit hatte vermutlich nicht stattgefunden.

Dr. Hemingway schrieb in seinem lobenden Brief, dass er sich erinnere, Ernest sei damals, zur Zeit der Geschichte, 12 Jahre alt gewesen. In dem Schreiben wünschte er sich, sein Sohn möge ihm öfter etwas von seiner Arbeit schicken.

Dieser Wunsch ist nach allem, was vorangegangen war, unverständlich. Kurz zuvor hatte Dr. Hemingway das erste Buch seines Sohnes (*in our time*) postwendend an den Verlag zurückgeschickt, weil er „solchen Schmutz nicht im Hause zu behalten gedenke."[7]

Ernest hat sich sehr über das Lob des Vaters über die Geschichte „Der Doktor und seine Frau" gefreut und ihm am 20. März 1925 aus Paris geschrieben: „Es freut mich so sehr, dass Dir die Doktor-Geschichte gefallen hat. Dick Boulton und Billy Tabeshaw habe ich als wirkliche Personen mit ihren wirklichen Namen eingesetzt, weil es ziemlich sicher war, dass sie die *Transatlantic Review* nie lesen würden. Ich habe eine ganze Reihe Geschichten über Michigan geschrieben – die Landschaft ist immer echt –, was in den Erzählungen geschieht, ist Fiktion."

Die Anerkennung des Vaters, die Ernest zu Beginn seiner schriftstellerischen Karriere erfreute, war die Ausnahme, wie spätere Briefe zeigen. Am 5. Februar 1927, in einem Brief an seine

---

[7] Kenneth S. Lynn, *Hemingway*, S. 321/322.

Mutter, den er aber ausdrücklich an beide, also auch den Vater gerichtet wissen wollte, beschreibt er seine Situation als Schriftsteller, der es leid ist, sich vor seinen Eltern rechtfertigen zu müssen. Alles, was er tun möchte, ist schreiben, aber keine Briefe an seine Eltern, sondern Bücher. Und wenn sie seine Bücher nicht mögen, könnte sich das womöglich eines Tages ändern: „Mag sein, dass Euch nichts von dem, was ich schreibe, gefällt, aber dann, plötzlich gefällt Euch doch etwas sehr."

Ernest hat sich nicht geschämt für seine Literatur. Warum sollte er das auch tun? Aber er fühlte sich verpflichtet, es seiner Mutter sagen zu müssen: „"... andererseits schäme ich mich in keiner Weise", wie er im selben Brief schrieb. Seine Mutter konnte oder wollte nicht akzeptieren, was ihr Sohn tat.

Die Anerkennung, die Ernest als Schriftsteller bekam, änderte daran nichts. Der erwähnte Brief geht ein auf das Buch *Fiesta* (Originaltitel: *The Sun Also Rises)*. Es war ein großer Erfolg. Schämen würde er sich nur, sagte er, wenn er seine schriftstellerische Tätigkeit nicht richtig betreiben würde, wenn er Menschen, die er beschreibt, nicht sorgsam charakterisiere oder sie nicht real erscheinen und vor den Augen der Leser nicht lebendig werden ließe. Auch wenn das Buch unerfreulich sei. Aber es sei nicht unerfreulicher als das wahre Leben einiger der besten Familien in Oak Park.

Hemingway muss seine Mutter darauf hinweisen, was für ihn als Schriftsteller selbstverständlich ist und wohl auch beim neutralen Leser zum gesunden Menschenverstand gehört, dass nämlich in Büchern das Üble schnörkellos beschrieben wird, während sich die Menschen im täglichen Leben in der Öffentlichkeit von ihrer besten Seite zeigen. Er versuchte, die Mutter auf seine Seite zu ziehen, indem er sie als Künstlerin ansprach. Sie müsse es als solche wissen, dass ein Schriftsteller nicht gezwungen werden solle, seine Standpunkte und seine Wahl der Wahrnehmungen verteidigen zu müssen. Was hingegen nötig sei, ist, sich der Kritik darüber zu stellen, wie er seine Arbeit geleistet habe.

Ich habe den Eindruck, dass Ernest als ein bereits anerkannter Schriftsteller nicht begreifen konnte, dass seine Mutter immer noch an ihm ‚herummäkelte'. Es muss für ihn unerträglich gewesen sein, diese verständnislose Frau selbst mit seinem größten Talent, dem Schreiben, nicht überzeugen zu können. Er wird sich ähnlich vorgekommen sein wie ein Schriftsteller, der sich vor einer Zensurbehörde verantworten muss.

Mit dem Vater war es anders. Er verhielt sich, wie Hemingway schrieb, im Gegensatz zur Mutter, „wenigstens loyal". Das immerhin. Auch wenn Ernest das Gefühl hatte, dass der Vater seine Bücher ebenfalls nicht mochte, wie ein Brief vom 14. September 1927 zeigt, in dem er an ihn schreibt: „Ich weiß, dass Du die Sachen, die ich schreibe, nicht magst, aber das liegt am Unterschied der Geschmäcker."

Damit hatte er recht, und das betrifft nicht nur den von verschiedenen Personen, sondern auch den unterschiedlichen Geschmack, den eine einzelne Person entwickelt, wie man am Frauengeschmack Hemingways erkennen kann. Wie der gewesen sein soll, wurde von vielen Biografen ausführlich untersucht, und dabei ist unter anderem seine angebliche Vorliebe für farbige Frauen beschrieben worden. Die Schilderungen beschäftigen sich dabei mit der schon erwähnten Indianerin Prudy (Prudence) Boulton, die im Ferienhaus der Hemingways gelegentlich Hausarbeiten erledigte. Sie war drei Jahre jünger als Ernest, und während ihrer Freizeit ging sie mit ihm und ihrem Bruder Billy häufig auf Eichhörnchenjagd. In „Väter und Söhne" wird Nicks Beziehung zu Prudy, die in der Geschichte Trudy heißt, so beschrieben:

Aber es gab immer noch viel Wald, damals, Urwald, in dem die Bäume hoch wuchsen, bevor da irgendwelche Zweige kamen und man ging auf braunem, sauberem federndem Boden ohne Unterholz, und es war kühl an den heißesten Tagen, und die drei lehnten gegen den

Stamm einer Hemlocktanne, die breiter war als zwei Betten. Hoch oben in den Wipfeln wehte eine Brise, und kühles Licht fiel in Streifen herab, und Billy sagte:
„Willst du Trudy noch mal?"
„Willst Du?"
„Mhm."
„Dann komm."
„Nein, hier."
„Aber, Billy ..."
„Billy ist egal. Er mein Bruder.
Dann, hinterher, saßen sie, die drei, horchten auf ein Eichhörnchen, das in den oberen Zweigen war, wo sie es nicht sehen konnten ...

Dass Hemingway seinen Nick Adams Sex haben lässt mit Trudy, wird in einer anderen Szene offensichtlicher:

Dann später, es war eine Weile vergangen, und Billy war noch nicht zurück.
„Glaubst du wir haben ein Baby gemacht?" Trudy verschränkte glücklich ihre braunen Beine und rieb sich gegen ihn. In Nicks Innerem war etwas vergangen, war ganz weit weg.
„Ich glaube nicht", sagte er.
„Machen viel Baby, was soll's."

Im Jahre 1950 schwärmt Hemingway von einer Frau, mit der er einmal einen Abend verbrachte. Eine dunkelhäutige Schönheit, die einen Pelz, und nur einen Pelz, trug. Diese Frau war die berühmte US-amerikanisch-französische Tänzerin,

Sängerin und Schauspielerin Josephine Baker. Die Geschichte ist höchstwahrscheinlich nicht wahr, wird aber als Hinweis für die Vorliebe Hemingways für dunkelhäutige Frauen angesehen.

Wie andere wollte die Schriftstellerin und Nobelpreisträgerin Toni Morrison, selbst dunkelhäutig, dies aus dem nach seinem Tod veröffentlichten Romanentwurf *Der Garten Eden* herausgelesen haben.[8]

Der Fantasie der sexuellen Initiation durch das Indianermädchen Trudy käme eine komplexere Bedeutung zu als einfache Nostalgie. Eine Fantasie, die es ihm, dem weißen Jungen, erlaubte, ein Indianermädchen als Sexobjekt zu betrachten, der aber umgekehrt mit Mord drohte, wenn sich ein Indianerjunge an ein weißes Mädchen heranmachte. Damit spielt sie auf eine Szene aus dem weiteren Text an, als Trudys Bruder Billy von den Wünschen seines Halbbruders berichtet:

„Eddie sagt, er kommen wird eine Nacht und schlafen im Bett mit deiner Schwester Dorothy. – Was? – Sagt er."

Trudy nickte.

„Das ist alles, er will", sagt sie. Eddie war ihr älterer Halbbruder. Er war siebzehn.

---

[8] "Hemingway's fetishization of race" in Carl Eby, *The Garden of Eden manuscripts*.

„Wenn Eddie Gilby jemals nachts kommen sollte und auch nur mit Dorothy spricht, wisst ihr, was ich mit ihm machen würde? Ich würde ihn umbringen, so."
Nick spannte den Hahn des Gewehrs, kaum zielend drückte er ab, bläst ein Loch so groß wie deine Hand in Kopf oder Bauch von diesem Bastard von Mischling
„Genauso. Ich würde ihn töten. Genauso."
„Er besser nicht kommt dann", sagte Trudy. Sie steckte ihre Hand in Nicks Hosentasche.
„Er besser passt mächtig auf", sagte Billy.
„Er ist ein großer Angeber", Trudy ging mit ihrer Hand in Nicks Hosentasche auf Entdeckungsreise.
„Aber töte ihn nicht. Du kriegst ziemlich Ärger."
Kenneth S. Lynn meint in seiner Hemingway-Biografie dazu: „Prudy mag es sich angewöhnt haben, eine suchende Hand in Ernests Tasche zu stecken, wenn die drei still im Wald saßen und nach Eichhörnchen in den oberen Zweigen horchten; womöglich hat sie sich sogar auf einem Polster von Kiefernadeln auf den Rücken gelegt und Ernest erlaubt, sich auf sie zu legen, während Billy zusah."

Lynn will uns damit anscheinend sagen, es mag der Wahrheit entsprechen. Falls ihm nicht andere Quellen vorgelegen haben sollten als mir, gibt es dafür keinen Anhaltspunkt. Prudy hat existiert, so viel ist sicher. Sie und ihr Bruder haben Zeit mit Ernest verbracht, soviel weiß man auch. Alles andere kennt man nicht. Lynn meint dann später selbst, „die Wahrheit dürfte irgendwo in der Mitte liegen". Er vermutet, dass es so war, dass Ernest Prudy, bevor sie sich auf ernstere Affären mit älteren weißen Jungen und Erwachsenen einließ (zum Beispiel mit einem Burschen aus Charlevoix, mit dem sie einen Todespakt schloss), zumindest eine Zeit lang als sein Mädchen betrachtet hat. Ihre Begegnungen in den Wäldern sollen nicht ganz und gar platonisch gewesen sein.

Der Biograf Carlos Baker sieht das allerdings anders: „Ernests fiktionale Beschreibungen seiner sexuellen Initiation mit Prudy Boulton sind wahrscheinlich mehr Wunschdenken als Tatsache."

Selbst wenn die Geschichte mit der sexuellen Erweckung Hemingways durch das Indianermädchen nicht stimmen sollte, fühlte er sich anscheinend sehr zu ihm hingezogen. In „Zehn Indianer" denkt Nick an eine Indianerin namens Prudy Mitchell. Explizit auf sie bezogen sind erneut die geringe Wertschätzung, mit der weiße Amerikaner die Eingeborenen betrachteten und rassistische Vorurteile zu erkennen. Deutlich wird das im Gespräch auf der bereits geschilderten Kutschfahrt, auf der Joe Garner immer wieder betrunkene Indianer, die ihm den Weg versperren, zur Seite schaffen muss:

Nick saß zwischen den beiden Jungen. Die Straße öffnete sich zu einer Lichtung. „Genau hier war es, wo Pa ein Stinktier überfahren hat."
„Es war weiter vorn."
„Es macht keinen Unterschied, wo es war", sagte Joe, ohne seinen Kopf zu drehen.
„Ein Platz ist so gut wie jeder andere, um ein Stinktier zu überfahren."
„Ich habe gestern Abend zwei Stinktiere gesehen", sagte Nick.
„Wo?"
„Unten beim See. Sie haben nach toten Fischen am Strand gesucht."
„Das waren wahrscheinlich Waschbären", sagte Carl.
„Das waren Stinktiere. Ich denke, ich weiß wie Stinktiere aussehen."
„Das solltest du auch", sagte Carl.
„Hast schließlich ein Indianermädchen."
„Hör auf so zu reden", sagte Mrs. Garner.
„Nun, sie stinken ungefähr genauso."
Joe Garner lachte.
„Hör auf zu lachen, Joe", sagte Mrs. Garner, „ich möchte nicht dass Carl in dieser Weise redet."
„Hast du ein Indianermädchen, Nickie?" fragte Joe.
„Nein"
„Hat er doch, Pa", sagte Frank.
„Es ist Prudence Mitchell."
„Ist sie nicht."
„Er sieht sie jeden Tag."

"Tue ich nicht."
Nick, zwischen den beiden Jungs in der Dunkelheit sitzend, fühlte sich innerlich leer und froh, mit Prudence Mitchell geneckt zu werden.

Als Nick schließlich nach Hause kommt, erzählt ihm sein Vater, er habe Prudence, mit einem Jungen im Wald gesehen, wo sie sich ziemlich amüsiert hätten. Nick fragte nach:
"Was haben sie gemacht?"
"Ich bin nicht stehen geblieben, um das herauszufinden"
"Sag mir, was sie getan haben."
"Ich weiß es nicht", sagte sein Vater.
"Ich habe nur gehört, wie sie sich herumgewälzt haben."
"Wer war das, mit ihr?", fragte Nick.
"Frank Washburn."
"Waren sie ... waren sie ..."
"Waren sie was?"
"Waren sie glücklich?"
"Ich denke schon."
Sein Vater stand auf und verließ die Küche. Als er zurückkam guckte Nick auf seinen Teller. Er hatte geweint. ...
"Wo waren sie im Wald?", fragte Nick.
"Oben hinter dem Camp."
Nick sah auf seinen Teller.
Sein Vater sagte, "du gehst besser ins Bett, Nick."
"In Ordnung."

Nick ging in sein Zimmer, zog sich aus und legte sich ins Bett. Er hörte seinen Vater im Wohnzimmer rumoren. Nick lag im Bett mit dem Gesicht in den Kissen.
"Mein Herz ist gebrochen," dachte er. "Wenn ich so fühle, muss mein Herz gebrochen sein."
Prudy Boulton ist das erste weibliche Wesen, das mit Hemingway verbunden wird, wenn es um sexuelle Beziehungen geht. Einige Leute sind davon überzeugt, dass er mit ihr seine ersten sexuellen Erfahrungen gesammelt hat. Andere hingegen meinen, dass dies nichts anderes ist als frei erfunden. Dass er und das Indianmädchen nur befreundet gewesen sind. Hemingways Witwe Mary hat es für wahr gehalten, dass Prudy das erste Mädchen war, mit dem ihr Mann „Lust empfunden" hat. (Sie glaubte ihm auch, was er ihr 1944 in einem Londoner Restaurant erzählte: ihre Beine seien genau wie die von Prudy.)[9]
Den erwähnten Todespakt hat Prudy mit einem Ex-Sträfling namens Richard Castle geschlossen. Beide nahmen sich im Februar 1918 das Leben. Es hieß, Prudy sei schwanger gewesen.[10]
Die Schilderung von Begegnungen mit einem Indianermädchen machen Hemingways Vorlieben für dunkelhäutige Frauen deutlich. Unterstützt und verstärkt wird dies durch das Manuskript *The Garden of Eden*.

---

[9] Mary Hemingway in ihrer Autobiografie (Kenneth S. Lynn, S. 62).
[10] Sweetgrass and Smoke.(Book Review).

Daraus und aus anderen Veröffentlichungen und Äußerungen werden Hemingway außerdem diverse weitere Fetische, ödipale Kastrationsängste, Vorlieben für androgyne Wesen oder homophile Tendenzen unterstellt. Es mag sein, dass Hemingways Erziehung, insbesondere der Zwillingswunsch seiner Mutter, zu Verwirrung über den Status der geschlechtlichen Identität beigetragen und sich daraus eine besondere Disposition zum Fetischismus entwickelt hat. Ich habe in seiner Jugend und der Zeit als junger Erwachsener nichts gefunden, was auf eine Vorliebe für dunkle Frauen oder andere „Fetische" hinweisen könnte. Allen übereinstimmenden Berichten zufolge gab es Mädchenbekanntschaften mit Grace, Majorie oder Kate. Keine davon war dunkelhäutig. Und es waren Schulmädchen. Somit kann ich auch keine ihm ebenfalls zugeschriebene Vorliebe für ältere Frauen erkennen. Allerdings waren sowohl seine erste große Liebe (die Krankenschwester Agnes von Kurowsky in Italien) als auch seine erste Ehefrau, Hadly, beide acht Jahre älter als er. Ansonsten deutet nichts auf eine solche besondere Vorliebe hin.

Die Frauenrollen in Hemingways Werk können genauso differenziert betrachtet werden wie seine vier Ehefrauen. Man könnte geneigt sein, ihm zu unterstellen, er hätte einen Fetisch für unterwürfige Frauen.

Aus seinem Werk würde dazu die Kellnerin Liz aus der Geschichte „Oben in Michigan" passen. Er beschreibt sie naiv und von Verliebtheit überwältigt. Dem setzt er sein Männerbild entgegen, als er Liz begreifen lässt, dass Männer über Liebe und Sex ganz anders denken als Frauen. Aber das Besondere an der Geschichte ist nicht das unterwürfige Frauenbild, sondern dass sie eine der verletzlichsten Schilderungen einer Beziehung zwischen Mann und Frau enthält.

Im Leben finden wir das Muster „Unterwürfigkeit" bei zwei seiner Ehefrauen. Es begann mit Hadley, von deren Geld er anfangs lebte und der es gefallen musste, dass ihr Mann selbst in ihrer Gegenwart mit anderen Frauen anbändelte, bis hin zu einem quasi Zusammenleben mit Pauline Pfeiffer, die, nachdem Hadley es nicht länger ertragen konnte, seine zweite Ehefrau wurde. Vielleicht passt das auch noch auf Mary, die vierte, die seine Witwe wurde. Sie entsprach jedenfalls dem Bild der treu ergebenen Ehefrau. Sie musste auch gewusst haben, worauf sie sich einließ, denn wie Hemingway Frauen behandelte, konnte ihr nicht verborgen geblieben sein.

Die einzige Ehefrau, die aus dem Raster fällt, war die dritte, Martha Gellhorn. Diese Ehe scheiterte, wie Hemingway es beklagte, daran, dass Martha zu viel an ihre eigene Karriere als

Kriegsberichterstatterin gedacht hatte, und er fragte sich in einem Brief, Jahre nachdem er geschieden war, was sie heute (1954) ohne jeden Krieg wohl so machen würde (sie heiratete ein zweites Mal und zog nach London).

Zum Zeitpunkt ihrer Ehe gab es Krieg, und Hemingway war nicht begeistert, dass ihn seine Frau allein zurückgelassen hatte und nach Europa gefahren war, um ihrem Beruf als Reporterin nachzugehen. Es war das Jahr 1943. Es mag sich heute normal anhören, dass eine Frau in ein Kriegsgebiet reist, um darüber zu berichten. Aber damals war nicht nur Hemingway, ihr Ehemann, verärgert, auch die amerikanische Regierung war nicht begeistert; sie erlaubte keine weiblichen Kriegsberichterstatter. Gellhorn war bei Kriegsende, unter den ersten Journalisten, die vom Konzentrationslager Dachau berichteten. Sie wurde später als eine der größten Kriegsberichterstatter bezeichnet, und seit 1999 wird alljährlich der Martha Gellhorn Prize for Journalism vergeben. Im April 2008 wurde sie als eine von fünf Journalisten mit einer 41-Cent Sonderbriefmarke der amerikanischen Post geehrt.

Sie war Hemingway zu selbstständig, und für ihre Unabhängigkeit rächte er sich auf seine Weise: Als Gellhorn 1943/1944, gegen Hemingways ausdrücklichen Wunsch in Europa

war und er sie, trotz ihres ausdrücklichen Wunsches, nicht begleiten wollte, bombardierte er sie mit Briefen, in denen er ihr „hinterherweinte".
Als sie schließlich seinem Drängen zurückzukommen, nachgab, fand sie die Finca, in der beide auf Kuba lebten, in einem erbärmlichen Zustand vor, und ihn, Hemingway, inmitten seiner kampftrinkenden Kumpane. Er hatte sich einen buschigen Bart wachsen lassen und war in übler und streitsüchtiger Laune. Es gab weder Wiedersehensfreude noch Dankbarkeit dafür, dass sie vorzeitig zurückgekehrt war, obwohl er wusste, dass es ihr größter Wunsch war, in Europa den D-Day zu erleben, den Tag der erwarteten Invasion.
Die Rückkehr hätte sie sich sparen können, denn es gab ständig Streit. Viel schlimmer aber war, dass Hemingway sie demütigte, indem er nicht nur selbst nach Europa ging, sondern dazu einen Vertrag mit *Colliers Weekly* geschlossen hatte, der Zeitschrift, für die Martha zwischen 1938 und 1943 zweiunddreißig Beiträge veröffentlicht hatte. Damit nahm er ihr den Platz in einem Flugzeug weg, und sie musste ihm in der Koje eines norwegischen Frachters, der Taucher und Dynamit nach Europa brachte, „hinterhertuckern".
Hemingways Frauenbild entsprach durchaus seiner Zeit. Etwas auffallender war es womöglich durch den Drang nach Anerkennung seiner

Männlichkeit. So war er. So hatte er sich entwickelt. Die Frauen oder Mädchen aus den Nick-Adams-Geschichten haben ihn noch anders erlebt. Als Prudy in der Geschichte „Zehn Indianer" in der sonst so heilen Welt in Michigan Nicks Herz bricht, wirkt er paradiesisch unschuldig. Doch die Schuld wartet längst auf ihren Einsatz und macht – kaum vorstellbar nach diesen Texten – aus ihm den Macho, der mit Frauen so umgeht, wie ich es bezogen auf Martha Gellhorn geschildert habe. Er spielte sich ihnen gegenüber auf, als würde er bis zum Hals voller Testosteron stecken. Im jungen Ernest aber, der als Nick geschildert wird, scheint die Seele eines Mannes durch, der wehmütige Erfahrungen während seiner Adoleszenz gemacht hat. Damit und mit einer verzweifelten ersten, unglücklichen Liebe beladen, betritt er den Raum des realen Lebens als Mann.

Der Verlust des Paradieses ist für jedermann mit Wehmut verbunden. So war es auch für Ernest Hemingway. Sein Paradies existierte einige Sommer lang. Dann wurde er vertrieben. Als er seinen Ruhm erwarb, konnte er es nicht wiederfinden. Später – Jenseits von Eden – verzweifelte er am Leben.

Als Hemingway im Januar 1919 vom Krieg in Europa nach Oak Park in sein Elternhaus zurückkehrte, wurde er am Bahnhof in Chicago am

Stock gehend, aber in maßgeschneiderter Uniform von seinem Vater und der Schwester Marcelline abgeholt. Im Gepäck hatte er die Hoffnung auf eine Ehe mit Agnes von Kurowsky, die er im Lazarett in Mailand kennengelernt hatte. Dort, im Hospital, hatte er die Gesellschaft der Rot-Kreuz-Schwestern genossen, aber Agnes hatte es ihm besonders angetan. Sie war eine große, dunkelhaarige Frau. Acht Jahre älter als er. Alle Männer bewunderten sie. Aber Hemingway war der Gewinner ihrer Gunst. Er war ein Kriegsheld. Der erste Amerikaner, der in Italien verletzt worden war. Und das in heldenhafter Weise. Er entflammte in tiefer Liebe zu ihr. Doch sie wurde nicht erwidert. Agnes bestätigte brieflich im März 1919, einen anderen zu lieben.

Sie schrieb: „Dann und glaube mir auch für mich überraschend, ich erwarte, bald verheiratet zu sein."

Aber das musste nicht einmal die schlimmste Passage für Hemingway in dem Brief gewesen sein, denn zu Beginn hatte sie ihm klargemacht, dass sie für ihn zwar immer noch viel empfinde, aber mehr als eine Mutter denn eine Liebste.

Was für eine Katastrophe. Kaum waren die Wunden des Krieges vollständig verheilt, wurde sein Herz gebrochen.

Seine tiefen Gefühle für sie lassen sich aus einem Brief vom ihm herauslesen, den er noch am selben Tag, als er den von Agnes erhalten hatte, seinem Freund, Bill Horne, geschrieben hat. Bill (William Dodge) traf Hemingway im Krieg in Italien. Sie fuhren gemeinsam für das amerikanische Rote Kreuz einen Krankenwagen. Nach dem Krieg wohnten sie zeitweise zusammen in Paris und im Herbst 1920 in Chicago. Ihre Freundschaft hielt ein Leben lang.

In dem Brief schüttet Hemingway sein Herz aus: *Sie liebt mich nicht, Bill. Sie nimmt alles zurück. Ein Fehler. Einer von diesen kleinen Fehlern, weißt du ... Aber, Bill, ich habe Ag. geliebt. Sie war mein Ein und Alles, und, Bill, ich habe alles vergessen von Religion und allem anderen. Denn ich hatte sie zum Anbeten ... Alles, was ich wollte, war Ag ... Und ich schreibe das mit einem trockenem Mund und einem Kloß im Hals, und Bill, ich wünschte, Du wärest hier, damit ich mit Dir sprechen könnte. Ich hoffe, er ist der beste Mann der Welt. Ach, Bill, ich kann nicht darüber schreiben, weil, ich hab sie so verdammt lieb.*

Der mit „er" bezeichnete Mann in dem Brief ist der, den sie heiraten wollte. Aber Ernest bekam eine zweite Chance, aber wie das im Leben so ist, kam sie zu spät. Oder er war zu sehr verletzt. Oder beides zusammen. Im Juni 1919 ging Hemingway in Horton Bay in den General Store und erhielt dort seine Post. Darunter befand sich ein Brief von Agnes.

Sie schreibt, dass die Mutter ihres adeligen Verlobten nicht bereit war, ihre Zustimmung zur Hochzeit mit einer „amerikanischen Abenteurerin" zu geben, und dass Nicky, so der Name des Grafen, beschlossen hatte, auf seine Mutter zu hören. Agnes schreibt dann, dass sie den Unterschied zwischen Liebe und Gelegenheit erkannt habe und fragt, ob es nicht schön wäre, wenn er, Ernest, wieder ihr „Beau" sein könnte.[11]

Hemingway mag einige schlaflose Nächte verbracht haben, aber soweit man weiß, hat er ihr nicht einmal geantwortet. Am 16. Juni 1919 schrieb er in einem Brief, warum: „Ich habe sie einmal geliebt, doch sie hat mich ausgetrickst. Ich nehme es ihr nicht übel. Aber ich habe die Erinnerung an sie mit Alkohol und anderen Frauen ausgemerzt, und nun ist es vorbei."

Zu der Zeit gab es allerdings, soweit man das beurteilen kann, nur eine einzige andere Frau: Marjorie, und über das Verhältnis habe ich bereits ausführlich berichtet.

Nach der Zurückweisung durch Agnes begab sich Hemingway von Chicago nach Michigan. In den Jahren 1919/1920 verbrachte er seine Zeit, wenn er nicht mit der Familie in Windemere

---

[11] Peter Griffin, *Along with Youth*, S. 122.

lebt, hauptsächlich in Horton Bay und Petoskey. Er beschäftigte sich mit Lesen und Schreiben. Auch nachdem die Familie 1919 nach den Ferien wieder abgereist war, blieb er. In beiden Jahren fuhr er außerdem zu ausgiebigen Angeltouren auf die Upper Peninsula Michigans. Während des Sommers 1920 wurde er von seiner Mutter aus dem Haus geworfen und erhielt den bereits erwähnten Brief mit dem Konto, auf das er nichts eingezahlt hat. Nach Windemere kehrte er nur noch einmal zurück. 1921, um dort seine Flitterwochen mit Hadley Richardson zu verbringen.

Kapitel 7

Michigan war der Ort der Erholung vom Krieg und gescheiterter Beziehung. Unter der Trennung von Agnes hatte Hemingway außerordentlich gelitten. Seine erste große Liebe. Seine erste große Enttäuschung. Womöglich der Grund dafür, dass Hemingway später versuchte, weiteren Zurückweisungen dadurch aus dem Weg zu gehen, indem er selbst es war, der Beziehungen beendete. Das allerdings erst, jedenfalls trifft es für seine Ehefrauen zu, wenn er eine neue Liebe gefunden hatte. 1919, in Horton Bay und später in Petoskey, tröstete er sich mit Marjorie. Zunächst zog er in das Haus der Dilworths, zu Liz und Jim, dem Schmied, wo er später seine Hochzeit mit Hadley feiern würde.
Im Winter 1919/1920 zog er nach Petoskey in eine Pension, das Potter's Rooming House, 602 State Street, und schrieb weiter an seinen Geschichten. Sein Aufenthalt in dieser Stadt ist aus einem besonderen Grund erwähnenswert, denn Hemingway nutzte den Ort 1925 als Schauplatz seines ersten veröffentlichten Romans *Die Springfluten des Frühlings (The Torrents of Spring)*. Der merkwürdige Inhalt ist schnell erzählt:

Yogi und Scripps arbeiten in einer Pumpenfabrik. Als es zu schneien beginnt, lassen die Arbeiter, zumeist Indianer, die halbfertigen Pumpen stehen und machen sich davon. Auch Scripps geht im Schneetreiben einsam die Eisenbahnschienen entlang in Richtung Chicago, bleibt allerdings in Petoskey stecken. Er kehrt in Browns Bohnenstube ein und lässt sich von der nicht mehr jungen Kellnerin Diana heiße Bohnen servieren. Er möchte nun in Petoskey Arbeit suchen. Es gibt dort ebenfalls eine Pumpenfabrik, in der bereits sein Freund Yogi beschäftigt ist.

Diana verbringt bald ihre Tage als Ms. Scripps daheim, bekommt jedoch in einer jungen Kellnerin eine Konkurrentin, die mit hochgestochenen Gesprächen über Belletristik Scripps Aufmerksamkeit auf sich zieht. Diana abonniert daraufhin literarische Zeitschriften. Aber sie kann Scripps nicht mehr halten.

Als es erneut anfängt zu schneien, verlassen die Arbeiter und auch Yogi Petoskey und die Pumpenfabrik. Auf freiem Feld trifft Yogi auf zwei Wald-Indianer. Er erzählt den schweigsamen Männern von seinen Kriegserlebnissen. Daraufhin berichtet einer von ihnen, sein Begleiter und er seien ebenfalls Kriegsveteranen und gibt sich als Major zu erkennen. Das Wetter bessert sich und alle drei gehen nach Petoskey zurück. Die

Eingeborenen nehmen Yogi in einen verborgenen Indianerclub mit. Als Yogi dort aber seine schwedische Herkunft offenlegt, werden alle drei hinausgewiesen.

Am Ende sind sämtliche Akteure in Browns Bohnenstube versammelt, als eine nackte Frau mit ihrem Baby aus der frostkalten Spätwinternacht hereinkommt. Die Frau ist die Squaw eines der Indianer. Sie wird sofort in den Schnee hinausgeworfen, aus dem sie sich erhebt und davongeht. Yogi geht hinterher und zieht sich ebenfalls aus. Die beiden Indianer trotten hinterdrein, sammeln Yogis Kleidungsstücke auf und kehren mit dem Bündel nach Petoskey zurück

Das Ganze ist grotesk, sowohl vom Inhalt als auch von der Form. Es ist das ungewöhnlichste Buch Hemingways und entspricht einer Parodie auf Sherwood Andersons 1925 erschienen Bestseller *Dark Laughter*. Das Besondere an dem Buch ist allerdings nicht nur sein literarischer Gehalt, den ich ausgesprochen schätze, sondern noch etwas anderes: Es stellt den Beginn der lebenslangen Zusammenarbeit zwischen Hemingway und dem Verlagshaus Charles Scribner's Sons dar. Hemingway hatte das Buch ursprünglich Boni and Liveright, seinem ersten amerikanischen Verlag, angeboten.

Da dieser jedoch auch die Bücher von Sherwood Anderson herausgegeben hat, wurde die Veröffentlichung abgelehnt.

Es wird vermutet, dass Hemingway das Buch nur aus dem Grund geschrieben hat, um aus seiner Verpflichtung mit Boni and Liveright herauszukommen. Seine Frau Hadley erinnert sich: „Hemingway hat mit Scott (F. Scott Fitzgerald) über Scribner gesprochen und wollte gern zu ihm. Er war aber Liveright gegenüber verpflichtet, und um aus dieser Verpflichtung herauszukommen, schrieb er *The Torrents of Spring*, womit er dessen Top-Autor Anderson parodierte. Ich weiß, dass Ernest es, nur um den Verleger zu wechseln, nicht wirklich wollte. Aber Pauline wollte es, und er tat es."[12] Pauline, die zuvor mit dem Ehepaar Ernest und Hadley befreundet war, wurde Hemingways zweite Ehefrau.

In Petoskey erinnert viel an Hemingway. Nicht nur das in einer alten Bahnstation seit den 1970er-Jahren befindliche Little Traverse History Museum. Der Direktor ist Michael Federspiel, der mir als Autor eines Buches über Hemingway bekannt ist, und den ich anfangs einmal zitiert habe. Ich treffe ihn, als ich in 2012 das zweite Mal in Petoskey bin.

---

[12] Constance Cappel, *Hemingway in Michigan*, S. 147.

Im Museum gibt es drei Sektionen. Eine davon ist Hemingway und seiner Zeit in Michigan gewidmet. Federspiel ist auch Präsident der Michigan Hemingway Society, die kürzlich erst Schilder vor allen Gebäuden mit Hemingway-Bezug hat aufstellen lassen und ansonsten Veranstaltungen wie Hemingway-Wochenenden durchführt. Er erzählt mir, dass die Menschen in und um Petoskey nicht sehr an Hemingway interessiert seien. Nur Leute wie ich, die mit Literatur zu tun oder auch nur viel von Hemingway gelesen haben und sich für seine Biografie interessieren, seien das. Sie kämen aus aller Welt. Am Tag zuvor sei gerade jemand aus Argentinien dagewesen. In Petoskey kann ich mir Hemingway vorstellen, wie er Potters Haus an der State Street verlässt und zur öffentlichen Bibliothek geht, wo er die Zeitungen und Magazine, die in *Die Springfluten des Frühlings* erwähnt sind, liest. Oder er würde zum Bahnhof gehen, um auf dem Fahrplan nachzuschauen, was die besten Abfahrtszeiten für zukünftige Angelausflüge sind und sich die *Chicago Tribune* kaufen. Könnte im Braun's Diner sein Mittagessen einnehmen oder von der Bear River Bridge in den Fluss schauen, wie es jeder heute noch machen kann.

Aber wie wirkte er damals auf die Menschen, die in dieser kleinen Ortschaft lebten? Ein Mann, der seine Zeit mit Schreiben verbrachte und mehr trank, als es üblich war? Wie mag es später auf die Bewohner gewirkt haben, als er weltberühmt war? Die ihn noch als jungen Mann kannten, der kein Geld hatte, sich beim Friseur herumtrieb und dort Geschichten erzählte? Der auf Schulmädchen wartete, um sie nach Hause zu begleiten? Bei zwei von ihnen – Grace Quinlan und Marjorie Bump – die Abende in der Küche verbrachte, Popcorn aß und auch dort seine Geschichten zum Besten gab? Was mögen die Bewohner, die sich daran erinnerten, später gedacht haben? Ich weiß es nicht.

Während seines Aufenthaltes in Petoskey gab er nicht das Bild eines Mannes ab, der eine besondere Begabung zum Schreiben besaß. Eher das eines Mannes, der nach seiner Identität suchte, sich seiner Lebensaufgabe unsicher war, und der schon zu viel erlebt hatte, um noch unschuldig-liebenswert zu sein. Wenn er überhaupt Beachtung gefunden haben mag, damals, dann kaum für sein Talent.

Er selbst berichtete später über seine Zeit in Petoskey, als er den Umfang seiner Vorbereitungen beschrieb, dass er den ganzen Herbst und den halben Winter in Petoskey arbeitete und schrieb und nichts verkaufen konnte. Es war eine Zeit entmutigender Zurückweisungen, und tatsächlich wurde seine erste Publikation, das kleine Büchlein, *Three Stories and Ten Poems*, im Jahre

1923 von ihm teilweise selbst finanziert. Es erschien in einer Auflage von 300 Stück. Noch weniger, nämlich 174 Stück, wurden im darauffolgenden Jahr, 1924, vom Kurzgeschichtenband *in our time* gedruckt. Es war ein weiter Weg bis zum Nobelpreis, den er 1954 für *Der alte Mann und das Meer (The Old Man and the Sea)* bekam. Oder zum zwanzig Jahre zuvor erschienenen Buch *Wem die Stunde schlägt (For Whom the Bell Tolls)*, einem Roman über Menschen im spanischen Bürgerkrieg, der in einer Startauflage von 75.000 Stück veröffentlicht wurde und bereits ein paar Tage später ausverkauft war. Die *New York Times* betrachtete es damals als Hemingways „bestes, tiefgründigstes und wahrhaftigstes Buch".[13]

Über die Entstehung des Buches hatte Martha Gellhorn einmal gesagt, es sei alles erfunden und trotzdem scheint es wahrhaftiger zu sein als das Leben selbst.

Dass alles erfunden wäre, ist nicht ganz richtig, denn Hemingway sagt selbst, ein Schriftsteller kann nur darüber gut schreiben, was auf seinen Erfahrungen beruht. Er kannte den Krieg aus eigener Anschauung, wurde im Ersten Weltkrieg schwer verletzt, und den Bürgerkrieg in Spanien hat er als Kriegsberichterstatter erlebt. Was

---

[13] Caroline Moorhead, *Selected Letters from Martha Gellhorn*, S. 106.

Martha meint, ist die Handlung. Hier zeigt sich, dass es nicht reicht, viel zu erleben, man muss Fantasie haben und Geschichten daraus machen können, man muss, wie Hemingway es von frühester Kindheit tat, erzählen können. Gerade auch das, was man erfunden hat, und Hemingway ist dafür bekannt, viel fantasiert zu haben. Nicht nur in seinen Texten.

Wie sehr Martha Gellhorn Hemingway damals bei dem Buch geholfen und es bewundert hat, geht noch aus einem anderen Brief von ihr hervor: „Inzwischen ist Scroobys Buch fast fertig. Richtig fertig ist es erst, wenn Scribner, der Verleger, es in Händen hat und zu drucken beginnt. Wir haben ungefähr 200.000 Worte korrekturgelesen, was für niemanden ein Spaß war.

Aber es ist sehr, sehr gut. Was für ein Buch! Es ist lebendig, spannend, wahrhaftig. Es handelt vom Leben und wie man lebt und vom Sterben und wie man stirbt, was schließlich alles ist, worüber man schreiben kann. Ich bin stolz auf das Buch, genau wie Scrooby und vielleicht können wir uns jetzt ein bisschen erholen."[14]

Diese Themen, das Leben und das Sterben, finden sich bereits in Hemingways allerersten überlieferten Geschichten, lange vor seinen Kriegserlebnissen noch zu Collegezeiten, beeinflusst durch die Natur

---

[14] Caroline Moorhead, *Selected Letters from Martha Gellhorn*, S. 99.

Michigans und die Erzählungen vom Leben dort.

Das Leben in Chicago spiegelt sich dagegen in Hemingways Geschichten selten wieder. Im Roman *Wem die Stunde schlägt* gibt es allerdings eine Passage, die auf ein Erlebnis zurückgeht, das Ernest hatte, als er 17-jährig von seinem Vater zum Bahnhof gebracht wurde, um nach Kansas zu fahren.

Der Protagonist Robert Jordan hatte sich lange nicht mehr so unsicher gefühlt wie zu dem Zeitpunkt, als er den Zug am Red Lodge zur Schule nach Billings besteigen sollte. Hemingway beschreibt die Szene wie folgt:

Er hatte Angst zu gehen, und wollte nicht, dass jemand es bemerken würde. Auf dem Bahnhof, kurz bevor er den Zug besteigen wollte, küsste sein Vater ihn zum Abschied und sagte: „Möge der Herr dich und mich beschützen, während wir getrennt voneinander sind." Sein Vater war ein sehr religiöser Mensch, und er meinte es einfach und aufrichtig. Aber Robert Jordan war das so etwas von peinlich, dass er plötzlich glaubte viel älter als sein Vater zu sein und er empfand ein so tiefes Mitgefühl für ihn, dass er es kaum ertragen konnte.

Ernest wird sich also nicht sonderlich wohlgefühlt haben, damals, als sein Vater ihn zum Zug nach Kansas brachte, um seinen ersten Job anzutreten. Der *Kansas Star* war seinerzeit eine wichtige Zeitung und galt als eine der besten im Mittleren

Westen. Es war ein guter Ort für den Anfang, zumal die Zeitung die Ausbildung junger Reporter förderte.

Es war der stellvertretende Chefredakteur des Lokalteils, Pete Wellington, der maßgeblichen Einfluss auf den Schreibstil Hemingways hatte. Er war es, der ihn anleitete, in einem „kurzen, knackigen Stil" zu schreiben. Wellingtons Regeln, die er jungen Journalisten mit auf den Weg gab, waren: „Verwenden Sie kurze Sätze. Verwenden Sie kurze erste Absätze. Verwenden Sie kräftiges Englisch. Seien Sie positiv, nicht negativ. Eliminieren Sie jedes überflüssige Wort. Spalten Sie keine Verben. Vermeiden Sie die Verwendung von Adjektiven, besonders solche extravaganten wie herrlich, wunderschön, groß, prächtig etc."

Hemingway hat später dazu gesagt: „Das waren die besten Regeln, die ich je für das Geschäft des Schreibens gelernt habe. Kein talentierter Mensch, der es mit seinen Gefühlen und dem Schreiben ehrlich meint und die Dinge versucht richtig auszudrücken, kann versagen, wenn er sich daran hält."

Hemingway hat nicht nur von ihm gelernt, sondern beispielsweise auch von Gertrude Stein. Er hat alle guten Ratschläge befolgt und war selbst ein ausgezeichneter Lehrmeister. Was er über das Schreiben gesagt und geschrieben hat, sollte jeder wissen, der auch schreiben möchte. Und ich meine nicht nur, aber natürlich auch, die Eisberg-Theorie. Hemingway propagiert damit eine Art des Schreibens: die Form des Auslassens. Er vergleicht es mit einem Eisberg, von dem nur ein kleiner Teil sichtbar ist. Er vertritt die Auffassung, alles könne weggelassen werden, sogar ein Schluss. Die Geschichte würde stärker dadurch. Vielleicht, aber das meine ich nicht ganz ernst, hat mich die Erzählung *The Last Good Country* (eigentlich ja wie erwähnt ein unvollendeter Roman) deshalb beeindruckt, weil so viel fehlt. Aber grundsätzlich halte ich viel von der Theorie, was bei mir als Poet nicht verwunderlich sein mag.

Geschichten werden stärker, wenn sie kürzer sind. Als ich Texte aus Platzgründen oder sonstigen Vorgaben reduzieren musste, hatte ich anfangs damit Probleme. Ich meinte, von meinem Text könne nichts weggelassen werden. Damit war allerdings nur meine Vorstellung verbunden, er wäre dann unverständlich. Ich glaubte, alles erklären zu müssen. Aber das muss ich nicht. Im Gegenteil. Vieles, was ich weiß, gehört nicht in den Text, sondern ist als Teil seiner Exposition für mich notwendig. Ich muss nicht die Schulzeit eines Protagonisten beschreiben. Ich muss aber wissen, wenn ich über sein Leben schreibe, welche Schulbildung er hat. Aus dem Text ergibt sich für den Leser dann eine Vorstellung darüber, was ‚in der Schule los' war, ohne dass ich auch nur einmal beispielsweise das Wort Schule erwähne. Dies ist keine Erfindung von Hemingway, sondern für die fiktionale Erzählung ein literarisches Gebot. Was die Eisberg-Theorie besonders macht, ist, dass sie das Weglassen per se propagiert. Wie ich schon andeutete, verstehe ich als Poet die Theorie problemlos.

„Ein paar Dinge, habe ich herausgefunden, sind wahr," sagt Hemingway. „Wenn du wichtige Dinge oder Ereignisse, die du kennst, weglässt, verstärkt das die Geschichte. Wenn du etwas weglässt oder überspringst, weil du es nicht weißt, wird die Geschichte wertlos. Der Test für jede Geschichte ist der, wie ausgezeichnet das Zeug ist, das du, nicht dein Verleger, ausgelassen hast."[15]

Ich habe kürzlich einen Roman gelesen, den ich als einen der besten aller Zeiten ansehe (unter meinen Top-Five). Er war von Anfang bis Ende in jeder Beziehung ausgezeichnet. Erst als ich ihn noch einmal in Gedanken durchging, fiel mir auf: Die Autorin hätte den Schluss weglassen können. Sie erklärt da noch etwas.

Das kann man machen, und es hat beim Lesen nicht gestört, weshalb der Verlag das auch nicht

---

[15] Jackson J. Benson, *New critical approaches to the short stories of Ernest Hemingway* S. 3.

weggelassen hat. Aber ich glaube, das Buch wäre ohne den Schluss noch stärker.

Nachdem Hemingway in Kansas zuerst bei seinem Onkel Tyler gewohnt hatte, zog er nach einem Monat zu seinem alten Freud Carl Edgar, den er von seinen Sommeraufenthalten in Michigan kannte. Der sagte über den beginnenden Reporter: „Hemingway ergab sich vollständig dem Charme und der Romantik, für eine Zeitung zu arbeiten. Er konnte stundenlang über seine Arbeit sprechen, besonders dann, wenn es besser gewesen wäre, ins Bett zu gehen." Hemingway lieferte kurze Texte. Er schrieb über das, was er in Kansas City gesehen hatte. Wie einmal, als er in eine Menschenmenge an der Union Station lief, die sich um einen kranken Mann versammelt, aber nichts getan hatte, um zu helfen. Er sah, dass der Mann dringend Hilfe benötigte, hob ihn hoch und trug ihn zu einem Taxi, um ihn in das Krankenhaus zu fahren.

Man sieht die Hilfsbereitschaft, die ihn auszeichnete und für die er später die Tapferkeitsmedaille bekam, weil er, selbst schwer verletzt, noch ernster verwundeten Kameraden half. Hemingway setzte sich für Menschen ein, die in Not waren. Wenn er konnte, kümmerte er sich. Seine Geschichten reichten von einem Kampf der Zeitungsboten über eine traurige Geschichte einer Prostituierten oder Schießereien zwischen

Gangstern bis zu einem Artikel, in dem er die üblichen Tragödien der Notaufnahme eines Hospitals thematisierte.

Die Tätigkeit bei der Zeitung gab er auf, weil er in den Krieg zog. Nach seiner Rückkehr versuchte er sich dann zur Missbilligung der Eltern, besonders der Mutter, in Michigan als Schriftsteller. Unverständnis der Umwelt, insbesondere der Familie, ist nicht unüblich und in Lebensläufen von Schriftstellern, auch bei berühmten, immer wieder anzutreffen. Aber Hemingway wusste selbst, dass er sich nicht nur mit Schreiben beschäftigen konnte, sondern seinen Lebensunterhalt verdienen musste.

Im Oktober 1919 war er kurz nach Chicago zurückgekehrt, hielt es dort aber nicht aus und zog wieder nach Petoskey. Er käme zu Hause nicht zum Schreiben, sagte er. In Petoskey verbrachte er die Tage neben seinen Schreibversuchen mit Aushilfsarbeiten für die Bezirksverwaltung, um Geld zu verdienen, das er nicht nur für seinen Unterhalt benötigte, sondern auch, um Marjorie auszuführen oder sich mit Freunden zum Dinner zu treffen.

Aber es reichte nicht, und er nahm dankend das Angebot an, nach Toronto zu gehen. Er bekam dort bei einer reichen Familie ein großes Zimmer mit einem Schreibtisch zum Arbeiten und musste dafür den behinderten Sohn, der nicht allein ausgehen konnte, ins Theater, zu Konzerten und Sportveranstaltungen begleiten. Durch die Vermittlung des Hausherrn bekam er einen Job beim *Toronto Star*, der ihn später wieder nach Europa zurückführen sollte, kurz nach seiner Hochzeit mit Hadley. Hemingway verfasste verschiedene Beiträge für die Zeitung, wie beispielsweise:

Einfache und Wundermorde, von 400 Dollar an aufwärts
Gangster aus den Vereinigten Staaten werden exportiert, um Attentate in Irland zu erledigen. Meldungen von Associated Press bestätigen die Tatsache. Gerüchten nach, die in der Unterwelt von New York und Chicago kursieren, hat jedes Schiff nach England ein oder zwei von diesen Frettchen an Bord und transportiert sie zu den Jagdgründen. Die Unterwelt behauptet, dass die Revolverhelden zuerst nach England verschifft werden, wo sie in Küstenstädten wie Liverpool untertauchen. Dann verduften sie nach Irland hinüber.[16]

Risiken einer Gratisrasur in der örtlichen Friseurschule
Die einzige Heimstatt der Freien und Mutigen ist die Friseurschule. Dort ist alles frei. Und Mut muss man auch haben. Falls Sie 5,60 Dollar im Monat einsparen wollen, an Rasieren und Haare schneiden, so gehen Sie zur Friseurschule. Aber beißen Sie die Zähne zusam-

---

[16] *The Toronto Star Weekly,* 11. Dezember 1920.

men. Ein Besuch des Unternehmens verlangt die nackte Kaltblütigkeit eines Mannes, der offenen Auges in den Tod geht. Falls Sie es nicht glauben, so gehen Sie nur in die Abteilung für Anfänger und stellen sich für eine kostenlose Rasur zur Verfügung. Ich hab's gemacht.[17]

Seine Mutter war ein bisschen zufrieden über seinen „beruflichen Erfolg" und schrieb es ihm. Allerdings störte sie nach wie vor, dass ihre Erwartungen an eine Collegeausbildung sich nicht mehr erfüllen würden. Sie wäre ihrer Meinung nach für einen Arztsohn aus einer Familie, in der Bildung einen Wert hatte, angemessen gewesen. Erleichtert haben mag sie, dass der Sohn in der Lage war, mit Schreiben Geld zu verdienen. Aber das ging vorüber, und das gespannte Verhältnis zwischen beiden wurde nicht besser. Ernest kehrte im Mai 1920 zwar erneut nach Chicago zurück, verließ sein Elternhaus aber bald wieder Richtung Horton Bay.

Erst im Juli, an seinem 21. Geburtstag, besuchte er, begleitet von zwei Freunden, die Familie in Windemere. Er blieb einige Tage, bis die Spannungen eskalierten und er, wie erwähnt, von seiner Mutter hinausgeworfen wurde. Sie konnte es einfach nicht verstehen, dass Ernest das Schreiben zu seinem Beruf gemacht hatte und warf ihm Arbeitslosigkeit vor. Außerdem erwartete

---

[17] *The Toronto Star Weekly*, 6. März 1920.

sie von ihm, dass er in Abwesenheit seines Vaters im Sommer auf Windemere dessen Stelle einnehmen sollte. Der Schriftverkehr, den seine Eltern in der Zeit hatten, zeigt, dass Grace sich ständig über ihn beschwerte. Schließlich führte ein Ereignis, das man nur als vorgeschoben bezeichnen kann, denn es war eine Lappalie, die eher Ernests Schwestern betraf, zum Rauswurf aus Windemere.

Es wird berichtet, dass Hemingway in dieser Zeit sein erstes sexuelles Zusammensein mit einer Frau hatte, und dass dies in der Kurzgeschichte „Oben in Michigan" nachzulesen wäre. Die Geschichte hat allerdings aus ganz anderen Gründen Wellen geschlagen, und bei Marcelline, der von der Mutter auserkorenen Zwillingsschwester von Ernest, hätte sich bei der Lektüre „fast der Magen umgedreht".[18]

Dies allerdings nicht, weil sie glaubte, ihr Bruder berichte von seiner ersten sexuellen Erfahrung, sondern weil er die Vornamen beliebter Freunde der Familie und auch besonders von Ernest für die beiden Hauptpersonen ausgesucht hatte: jene der beiden Dilworths, Liz und Jim – noch dazu für eine ziemlich rabiate Sexszene. Zu erinnern sei nur daran, dass Ernest, nachdem die Mutter ihm die Tür gewiesen hatte, bis Anfang Oktober

---

[18] Kenneth S. Lynch, *Hemingway*, S. 135.

ausgerechnet bei Liz und Jim wohnte. Hemingway selbst war die Problematik zumindest später durchaus bewusst, wie man in einem Brief vom 12. August 1930 nachlesen kann: „In bin ‚I. u. Z'. (‚In unserer Zeit') und auch ‚Oben in Michigan' durchgegangen. Habe es umgeschrieben und versucht, alles, was nach Verleumdung klingen könnte, wegzulassen, aber das nimmt ihm seinen ganzen Charakter. Es bezieht sich eindeutig auf zwei Menschen in einer bestimmten Stadt, beide leben noch, leben noch dort und sind leicht zu identifizieren. Wenn ich die Stadt weglasse, verliert es an Wahrhaftigkeit. Aber aus dem ersten Teil kann ich genug weglassen, um Verleumdungsklagen zu vermeiden ..."
Weshalb die Sexszene in der Geschichte mit ihm selbst verbunden wurde, liegt wohl daran, dass Hemingway den Text zuerst in der Ich-Form geschrieben, später aber die handelnden Personen ausgewechselt hat. Womöglich deswegen, weil er zum Zeitpunkt der Überarbeitung bereits verheiratet war. Die erste Fassung – die Spekulationen auslösende autobiografisch anmutende – hatte er im Sommer 1921 in Chicago kurz vor der Hochzeit geschrieben.
Dass er die Namen der Freunde verwendete, ist schwer zu begreifen. Ernest fühlte sich ihnen eng verbunden. Außer ihren Namen übernahm er teilweise auch ihr Aussehen und Auftreten.

Da es die beiden – heute zumindest – nicht länger stören kann, da sie wie Hemingway nicht mehr leben, bleibt bei der Lektüre „Oben in Michigan" für viele nur die Frage: Hat er oder hat er nicht?

Wie bei der gleichen Frage in Bezug auf Prudy Boulton, wird auch in diesem Fall die Antwort nicht eindeutig ausfallen. Hätte Hemingway die erste Fassung der Geschichte nicht autobiografisch angelegt, wäre vermutlich niemals gefragt worden, ob er es gewesen sei, der einer jungen Kellnerin seinen Willen aufgezwungen hat. Einige Personen, die sich intensiv mit dem Leben Hemingways beschäftigt haben, sind sich sicher. Auch darüber, dass er mit seiner großen Liebe Agnes von Kurowsky keinen Sex gehabt hatte. Es heißt, das ließe sich ihrem Abschiedsbrief entnehmen, in dem steht, sie empfinde für ihn mehr als Mutter denn als „Sweetheart". Zumindest was Agnes betrifft, habe ich eine andere Meinung und werde das später noch darlegen. Manche sind auch überzeugt davon, dass es Marjorie Bump war. Oder Trudy Boulton. Oder Kate Smith.

Sie kämen nach den Nick-Adams-Geschichten ebenfalls für das „erste Mal" infrage.

Die Kurzgeschichte „Oben in Michigan" ist nicht in der Sammlung *The Nick Adams Stories* enthalten. Die Erstveröffentlichung in Paris (in

Three Stories and Ten Poems, 1923), hatte den Vorteil, dass Liz und Jim Dilworth sie nicht zu Gesicht bekamen. Am 12. Januar 1936 schreibt Hemingway allerdings in einem Brief, die Geschichte sei noch unveröffentlicht. Er wird dabei die kleine Publikation aus Paris schon vergessen haben. Aber davon abgesehen erschien „Oben in Michigan" in Hemingways Verlag Scribner in der Tat erst in 1938.

Die Geschichte war zuvor vom Verlag aus dem Kurzgeschichtenband *In Our Time*, der in 1925 in den USA veröffentlicht wurde, herausgenommen worden.

Hemingway entrüstet sich darüber in einem Brief an John Dos Passos: „Sie haben mich die Geschichte ‚Oben in Michigan' herausnehmen lassen, weil das Mädchen da zum ersten Mal einen verpasst kriegt, und ich habe ihnen eine prima Nick-Geschichte geschickt über einen kaputten Boxer und einen Nigger ... Diese Kämpfer-Geschichte ist verteufelt gut und besser als Oben in Mich., obwohl mir Oben in Mich. immer gefallen hat, wenn auch anderen nicht. Ich glaube ... (man) hätte sie durchgehen lassen, wenn sie ‚Draußen in Iowa' geheißen hätte und die Fickerei in ein Dorf-Maisrösten umgeschrieben worden wäre."

Die Story ist simpel, fast ohne Handlung. Jim, ein Schmied, kommt nach Horton Bay und kauft die dortige Schmiede. Die junge Frau, die im Restaurant der Smiths arbeitet, verliebt sich in Jim, der sie jedoch kaum beachtet. Jim, der Restaurantbesitzer Smith und ein dritter Mann gehen auf einen Jagdausflug. Liz sehnt sich nach Jim. Als die Jagdgesellschaft zurückkehrt, nimmt man zur Feier des Tages einige Drinks. Nach dem Abendessen und noch mehr Drinks geht Jim in die Küche, in der Liz auf einem Stuhl sitzt. Er umarmt und küsst sie, berührt ihre Brüste und flüstert: „Lass uns woanders hingehen." Sie gehen zur Bay hinunter, wo Jims Hände den Körper von Liz erkunden. Sie ist verängstigt, sagt ihm immer wieder, nein, sie will nicht, lässt ihn aber schließlich gewähren. Hier der Schluss der Geschichte:

Die Planken des Stegs waren hart und kalt und splittrig und Jim lag schwer auf ihr und er hatte ihr wehgetan. Liz stieß ihn an, sie lag so unbequem und verkrampft. Jim war eingeschlafen. Er würde sich nicht bewegen. Sie arbeitete sich unter ihm hervor und setzte sich auf und richtete ihren Rock und Mantel und versuchte, etwas mit ihren Haaren zu tun. Jim schlief, sein Mund war ein wenig geöffnet. Liz beugte sich vor und küsste ihn auf die Wange. Er schlief noch. Sie hob seinen Kopf ein wenig und schüttelte ihn. Er drehte ihn zur Seite und schluckte. Liz fing an zu weinen. Sie ging näher an den Rand des Stegs und blickte hinunter zum Wasser. Nebel stieg aus der Bucht. Ihr war kalt und elend zumute und sie fühlte,

alles war vorbei. Sie ging zurück, wo Jim lag und schüttelte ihn noch einmal, um sich zu vergewissern. Sie weinte.
„Jim", sagte sie. „Jim. Bitte, Jim."
Jim rührte sich und rollte sich ein wenig enger zusammen. Liz zog ihren Mantel aus und beugte sich vor und deckte ihn damit zu. Sie stopfte ihn ordentlich und sorgfältig um ihn herum fest. Dann ging sie über den Steg und den steilen sandigen Weg hoch, um ins Bett zu gehen. Ein kalter Nebel kam durch die Wälder über die Bucht.

Die Geschichte ist harsch und gefühllos mit Ausnahme der Figur der Liz. Eine schwärmerische Liebe einer jungen, unerfahrenen Frau zu dem älteren Jim, die weder romantisch noch erotisch erfüllt wird. Mit dem Kuss auf die Wange, den sie ihm nach seinem rücksichtslosen Eindringen in ihren Körper und dem lieblosen Verhalten danach gibt, drückt sie ihre fortdauernde Liebe aus und versucht, eine Reaktion von ihm zu erhalten. Als dies nicht geschieht, fühlt sie, dass alles vorbei ist, und weint.

Das eigentlich Faszinierende an der Geschichte ist, dass Hemingway die Fantasien einer unerfahrenen Frau versteht und sensibel ihre widerstreitenden Gefühle beschreibt, selbst als es zum brutalen Ende kommt. Wie er es schafft, mit knappen Worten die verletzte Seele dieser jungen Frau aufzuzeigen, wie er Liz' Erkenntnis darüber andeutet, dass Jim einfach nur seine körperlichen

Gelüste befriedigen wollte, und wie er Zärtlichkeit erst beschreibt, als alles vorbei ist, die Sehnsucht erloschen und die Hoffnung vergangen ist, dies alles zeigt bereits den großen Schriftstellers, der er einmal werden sollte.

Sehr viel später, 1936, gibt es eine Meinungsäußerung von Hemingway über die Story, die gerade aufgrund des Endes bemerkenswert ist: „Diese Geschichte nimmt in meinem Werk eine wichtige Rolle ein und hat viele Leute beeinflusst. Callaghan usw. Sie ist nicht schmutzig, sondern traurig. Damals habe ich noch nicht so gut geschrieben, besonders Dialoge. Ein großer Teil der Dialoge in der Geschichte ist sehr hölzern. Aber da an der Anlegestelle, wurde sie auf einmal vollkommen echt, das ist der Clou der ganzen Geschichte, und für mich war es der Anfang all der Natürlichkeit, die ich dann hatte."

Diese Aussage ist für die Frage, ob es Ernest war, der dort auf den Planken des Stegs Sex hatte, nicht hilfreich. Aus der Formulierung ist es eher nicht herauszulesen. Auch sonst spricht wenig dafür. Ein unerfahrenes und willensschwaches Mädchen für Ernests erstes Mal ist denkbar. Was einen autobiografischen Hintergrund aber unwahrscheinlich macht, ist Jim, der ein erfahrener Mann ist.

Hemingway war das nicht, jedenfalls nicht nach allem, was man weiß. Ich ging zuerst davon aus, dass er seine erste sexuelle Begegnung mit seiner ersten Ehefrau Hadley hatte, falls nicht mit käuflichen Frauen, wofür allerdings nichts spricht. Das mag aus heutiger Sicht sonderbar erscheinen, denn Hemingway war 22, als er heiratete. Aber vor 100 Jahren war es das nicht unbedingt. Inzwischen allerdings habe ich meine Meinung geändert. Das liegt an dem Brief, den Hemingway an Bill Horne schrieb, nachdem er von Agnes von Kurowsky zurückgewiesen worden war. Hemingway lamentiert darüber, dass er sie allein gelassen habe: „Sie braucht jemanden, der mit ihr schläft. Wenn die richtige Person auftaucht, hast du verspielt."

Das ist für mich ein klarer Hinweis. Denn woher sonst sollte er wissen oder wieso glauben, Agnes brauche „jemanden, der mit ihr schläft"? Somit scheint sie es gewesen zu sein, die erste Frau in seinem Leben.

Was „Oben in Michigan" besonders macht, ist nicht die sich aus dem ersten Entwurf ergebende Frage, ob Hemingway der Mann in der Geschichte ist. Es ist die Erzählperspektive. Sie ist hauptsächlich und gerade am Schluss, die der Frau. Ein junger Mann von 22 Jahren, dem seit seiner Jugend – besonders von seiner Mutter – vorgeworfen wurde, ohne jedes Verantwortungsgefühl zu sein, ein ‚Bengel', der seine Zeit nur mit Fischen und Jagen verbringt, der keine

Lust hat, eine Ausbildung zu machen, der mit seinen Kumpeln herumhängt und mehr trinkt, als angemessen wäre, so einer würde sich, sollte man meinen, in einem Text, den er schreibt, mehr zu dem gewaltsamen Verführer hingezogen fühlen, als mit dem verletzten Mädchen zu empfinden. Aber es ist anders. Nicht der rabiate, hormongesteuerte Mann war das Interessante für ihn, sondern die Frau. Ihre Unerfahrenheit, ihre Gefühle und ihre Sehnsucht. Dieses Mitgefühl war in ihm vorhanden, denn ein Schriftsteller schreibt darüber, was er kennt. Wir finden dieses Mitfühlen ebenfalls in „Das letzte gute Land" mit seiner Schwester oder mit Marjorie in „Das Ende von Etwas".

Aber dieses Mitfühlen, sich in das Zarte, das Sensible zu begeben, war ansonsten nicht gefragt. Im Schreiben mochte es noch hingehen, aber im wirklichen Leben war es zu verbergen. Ansonsten hätte es ihn dahin geführt, wo er absolut nicht hinwollte. Hätte ihn unmännlich erscheinen lassen und ihn seiner Meinung nach unter den Einfluss der Mutter gebracht. Wäre ihr willenlos ausgeliefert gewesen, und sie hätte aus ihm dasselbe gemacht wie aus seinem Vater.

Kapitel 8

Martialisches Auftreten, wie Hemingway es in der Natur durch Jagen und Fischen von klein auf betrieb, überlagert nicht zwangsläufig die sensibleren Teile des Charakters. Sie mögen durch sie gar bestärkt werden. Darauf deuten die Sehnsüchte und die Begeisterung, die er mit der Landschaft Michigans verband, hin. Er war begierig darauf, sich dort aufzuhalten und zu fischen. Liebte es mehr als alles andere. Liebte die langen Sommer und fühlte sich krank, wenn er in der ersten Augustwoche feststellte, dass die Forellensaison nur noch vier Wochen dauern würde. Liebte die aufkommenden Stürme, wenn er zurück über den See fuhr, mit seinen Lebensmitteln, der Post und auf der Zeitung sitzend, um sie trocken zu halten. Liebte es, sich später vor dem Feuer, die Kleidung zu trocknen. Es war ihm ein unvergleichliches Vergnügen.
Dass er Michigan nach seinen Flitterwochen den Rücken kehrte, von kurzen Besuchen Jahrzehnte später abgesehen, ist nur anscheinend ein Widerspruch. Er wollte sich seines Paradieses erinnern, wie er es kannte, sich diese Liebe in ihrer ursprünglichen Art erhalten, womöglich ahnend,

dass ihm sein neues Leben das verehrtes Michigan in dieser Form nicht mehr bieten würde.

Nur Michigan schien ihm geeignet zu sein, die Erinnerungen an den Krieg verblassen zu lassen. Und nur Michigan hatte die Atmosphäre, die er brauchte, um seine ersten literarischen Arbeiten zu verfassen. Die Szenerie seiner letzten Erlebnisse dort, genauer gesagt seine Angelausflüge auf die Upper Peninsula, wird in der Kurzgeschichte „The Big Two-Hearted River" lebendig. Die Upper Peninsula ist dünn besiedelt. Obwohl die Halbinsel ungefähr 30 Prozent der gesamten Fläche Michigans ausmacht, leben dort nur drei Prozent der Bevölkerung. Auf den Highways kann es passieren, dass einem kilometerweit kein Fahrzeug entgegenkommt. Um Fotos zu machen, konnte ich mich bedenkenlos mitten auf die Straße stellen. Mit etwas Glück läuft einem ein Elch oder gar Bär über den Weg. Wobei nur vom Glück gesprochen werden kann, wenn es dabei nicht zu einem Zusammenstoß kommt. Es ist demzufolge trotz des geringen Verkehrsaufkommens ratsam, aufmerksam zu sein.

Wer mit dem Auto auf die Upper Peninsula Michigans fährt, überquert eine Hängebrücke am Zusammenfluss des Lake Huron und des Lake Michigan und kommt nach St. Ignace. Hemingway fuhr damals mit dem Zug.

Allerdings nicht über die schöne Mackinac Bridge, die drittlängste Hängebrücke der Welt. Sie wurde erst im Jahre 1957 fertiggestellt. Zu Hemingways Zeiten fuhr man noch per Fähre. Von St. Ignace nach Seney sind es ungefähr 180 Kilometer. Der Big Two-Hearted River, nach dem die Geschichte benannt ist, fließt nicht durch Seney, sondern etwa 50 Kilometer entfernt. Will man auf Hemingways Spuren wandeln, kann man sich die Weiterfahrt dorthin sparen. Die Geschichte trägt zwar den Namen des Flusses, aber sie hat sich dort nicht abgespielt. Das hat Hemingway später zugegeben: „Der Fluss war der Fox River in Seney, Michigan, nicht der Big Two-Hearted. Die Namensverwechslung war beabsichtigt, nicht aus Unwissenheit oder Unachtsamkeit, sondern weil Big Two-Hearted River Poesie ist.

Der Fox River fließt in der Tat durch den Ort, der samt seiner Bahnlinie erwähnt wird. Nick Adams ist dort mit dem Zug angekommen und mit Gepäck beladen zum Fluss gegangen.

Für die Geschichte ist es egal, wie der Fluss heißt, und den beiden Flüssen sowieso. Selbst wenn der eine dadurch in der Welt bekannt wurde und der andere nicht. Die Verantwortlichen in der Gegend um den Big Two-Hearted River waren stolz darauf, den Fluss in einem Hemingway-Titel erwähnt zu finden. Man sieht es auch daran, dass sie an seinem Ufer ein Schild aufstellten, auf dem zu lesen war: „The Mighty Two Hearted River immortalized by Ernest Hemingway."[19] Das Schild selbst allerdings war nicht unsterblich, denn es existiert nicht mehr.

The Big Two Hearted River! Was für ein Name. Man muss Hemingway beipflichten, viel poetischer als Fox River. Aber eine Herausforderung für Übersetzungen, weil auch im Englischen nicht klar ist, woher der Name kommt.

Bei der deutschen Ausgabe der *Nick-Adams-Geschichten* fragt man sich zunächst, warum der Titel übersetzt worden ist mit: *Großer Doppelherziger Strom*. Hört sich ‚herzig' an. Der Name eines Flusses, wie der Name eines Ortes, müsste nicht übersetzt werden. Fox River beispielsweise würde man in seiner englischsprachigen Bezeichnung auch belassen. *Fuchs Fluss* als Titel ist schwer vorstellbar.

Zu den Hemingway-Übersetzungen ins Deutsche eine generelle Bemerkung. Dafür zeichnete bis vor kurzem eine Frau verantwortlich, die Hemingway in seinem Brief vom 18. Dezember 1946 an seinen deutschen Verleger, Ernst Rowohlt, bittet, grüßen zu lassen. Weiter schreibt er: „Sagen Sie ihr, ich freue mich auf die nächsten Übersetzungen meiner Werke. Sie war die

---

[19] Tina Lonski, *A Transplanted Yooper*, S. 25.

beste Übersetzerin, die ich jemals hatte, und zwar in jeder Sprache."

Ob das stimmt, weiß ich nicht, denn ich kenne die anderen Übersetzer respektive Übersetzerinnen nicht. Die deutsche war allerdings hoffentlich nicht „die beste". Der Verlag hat dankenswerterweise inzwischen darauf reagiert, konnte es wohl aus rechtlichen Gründen erst in den Jahren 2012/2013 und hat neue Übersetzungen veröffentlicht. Es scheint, als ob Hemingway es selbst war, der die Übersetzerin auswählte und für sein gesamtes Werk autorisierte. Rowohlt versuchte zwischendurch neue Übersetzungen zu veröffentlichen, was der Autor jedoch nicht zuließ.

Ich habe deshalb alle Passagen aus den Büchern Hemingways, die ich zitiere, selbst übersetzt. Diese Arbeit hätte ich mir gern erspart, aber sie war nötig. Sonst würde hier jetzt beispielsweise stehen: „Horton Bay war eine Holzstadt". Holzfällerstadt war gemeint.

Wörtlich übersetzt, das ist das Problem. Die Übersetzungen vermitteln die Bilder nicht, die der Autor in seiner Muttersprache vor Augen hatte.

Das zu schaffen, ist schwer. Ich weiß das. Aber wörtlich vom Englischen ins Deutsche zu übersetzen, erzeugt nicht nur keine entsprechenden Bilder, sondern, wenn überhaupt, falsche: Aus

„Let's go" (*In einem anderen Land*) wird „Wir wollen zusammen gehen" statt „Geh'n wir" oder „Auf geht's", und ist nicht einmal wörtlich richtig. Dass Hemingway in Deutschland trotzdem so populär geworden ist, wundert deshalb ein wenig. Auch ich habe ihn während meiner Schulzeit zuerst auf Deutsch gelesen, inzwischen allerdings noch einmal im Original.

Der Big Two-Hearted River hieß bei den Ojibwa-Indianern *Neeshoda sepee*, und hatte die Bedeutung von Twin oder Double River, also von zwei Flüssen, weil zwei dicht nebeneinander laufende Abflüsse – ein Großer (!) und ein Kleiner – in den Lake Superior fließen. Das Wort heart (Herz) im Namen ist anscheinend von Siedlern eingefügt worden, die das Wissen darum, was es bedeutet, mit ins Grab genommen haben. Die deutsche Übersetzung ist auch deswegen nicht nachvollziehbar, weil es sich nicht um einen ‚Strom' handelt, sondern einen kleinen Fluss, eingebettet in eine liebliche Landschaft.

Aber die Bedeutung der Geschichte, die Hemingway geschrieben hat, erschließt sich dem Leser: Es möge sein wie früher. Die Sehnsucht, die Welt möge draußen bleiben und Nick Adams, in dem man deutlich Ernest Hemingway erkennt, möge im Einklang mit seiner geliebten Natur zukünftig ungestört sein. Nick ist ein Heimkehrer. Zurück aus dem großen Krieg in

Europa. Verwundet erreicht er die Stadt Seney, die wie der sie umgebende Wald niedergebrannt ist. Nicht nur den Krieg lässt Nick hinter sich zurück, sondern auch die Stadt und wandert in die Natur.

Zurück, zurück zur Natur. Diesen Wunsch hemmt nicht einmal ihr verbrannter Zustand, der dem seinen gleicht. Zerstört. Eine vom Feuer zerstörte Umgebung und eine vom Krieg zerstörte Seele, der man heute eine Posttraumatische Belastungsstörung bescheinigen würde. Atmosphäre und Stimmung der Geschichte vermittelt der folgende Auszug:

Als er rauchte und seine Beine vor sich ausstreckte, bemerkte er einen Grashüpfer, der sich auf dem Boden auf seinen wollenen Strumpf zu bewegte. Der Grashüpfer war schwarz. Als er den Weg entlang gegangen und geklettert war, hatte er Heuschrecken, die mit Staub bedeckt waren, aufgescheucht. Die waren alle schwarz. Diese hier waren nicht die großen Grashüpfer mit gelben und schwarzen oder roten und schwarzen Flügeln, die unter ihrem schwarzen Mantel empor schwirrten. Das waren ganz gewöhnliche Hüpfer, aber alle schwarz gefärbt vom Ruß. Nick hatte sich darüber gewundert, aber ohne wirklich darüber nachzudenken. Wie er den schwarzen Hüpfer betrachtete, der mit seinen vier Lippen an der Wolle seiner Socke knabberte, war ihm klar, dass sie alle schwarz geworden waren, vom Leben in dem ausgebrannten Land. Ihm wurde auch klar, das Feuer musste

im Jahr zuvor ausgebrochen sein, weil die Heuschrecken jetzt alle schwarz waren. Er fragte sich, wie lange sie wohl so bleiben würden.
Vorsichtig griff seine Hand nach unten und packte den Hüpfer an den Flügeln. Er drehte ihn um, alle seine Beine in der Luft und sah seinen gelenkigen Bauch. Ja, er war ebenfalls schwarz, und schillerte, wo Rücken und Kopf staubig waren.
„Flieg, Hüpfer", sagte Nick, und sprach seit langer Zeit zum ersten Mal wieder laut. „Flieg irgendwo hin."
Der schwarze Grashüpfer ist ein Zeichen für die Rückkehr aus einem Krieg. Er symbolisiert in dieser Geschichte Nicks Seele. Zeichen einer Feuerbrunst, die alles niederbrannte, bis auf den Fluss. Denn der ist es, der ihm Erleichterung und Glück vermittelt. Er sprang in Seney vom Zug und erwartete eine intakte Stadt. Als er aber die Zerstörungen sah, wandte er sich auf der Stelle um und ging noch ohne Gepäck zur Brücke:
Der Fluss war da.
Natürlich war der Fluss noch da. Aber für Nick war es eine große Erleichterung, so als hätte der Fluss sein gebrochenes Herz geheilt, wie es in einer Abhandlung über Hemingway und diese Geschichte heißt. Hemingway, der an einem 8. Juli schwer verwundet wurde, hat in einem unveröffentlichten Manuskript geschrieben: „Und

in jedem Juli brachten sie ihn hinaus und brachen sein Herz."[20]

Die Seney-Geschichte berichtet von den Erfahrungen eines jungen Mannes, dessen Kriegserlebnisse ihm das Herz gebrochen haben. Der schwarze Grashüpfer symbolisiert Nicks Seele seit der Verwundung, und die Worte „Flieg, Hüpfer", während er ihn freilässt, verbinden seinen eigenen Wunsch nach Befreiung. Aber der Grashüpfer fliegt nur auf den nächsten verkohlten Stumpf. Es gibt kein Entkommen. Das Erschrecken über das Geschehene ist permanent.

Ernest Hemingway war, als er die Geschichte schrieb, 25 Jahre alt. Sechs Jahre zuvor war er im Krieg schwer verwundet worden. Zu jener Zeit galt es für einen jungen Mann als eine patriotische Selbstverständlichkeit, seinem Land im Krieg zu dienen.

Aber nicht nur der Zeitgeist war es, der Ernest weit vor Erreichen des angemessenen Alters in die Armee trieb. Wie konnte er als Jugendlicher besser beweisen, ein richtiger Mann zu sein? Im Gegensatz zu seinem Vater, muss man hinzufügen. Die Liebe zum Vater war seit der Adoleszenz problematisch. Einerseits durch das Unverständnis, das dieser dem Sohn entgegenbrachte und andererseits und hauptsächlich durch die

---

[20] Frederic J. Svoboda und Joseph J. Waldmeir, *Hemingway, Up in Michigan Perspectives*, S. 78.

Unterwürfigkeit gegenüber der alles beherrschenden Mutter. Hemingway machte sie dafür verantwortlich. In seiner Vorstellung war sie es, die seinem Wunsch entgegenstand, eine innigere Beziehung zum Vater herstellen zu können. Er sah sie als ein unüberwindbares Hindernis. Schon früh fühlte er, niemals schwach und feige sein zu dürfen. In seinen Vorstellungen, wie ein Mann zu sein hat, mag er unsicher gewesen sein, aber sicher war er darin: nicht wie sein Vater.

Als Ernest im Krieg mit der grausamen Realität des Lebens konfrontiert wurde, als er ahnte, das kein Feigling zu sein, das Leben kosten konnte, und er am eigenen Leib Schmerz und Leid erfuhr, war er noch keine 19 Jahre alt. Er sehnte sich zurück zu dem, was für ihn das Leben eines Mannes ausmachte. Sehnte sich zurück in die Wälder Michigans, die Dünen und Plantagen, an die Seen und Flüsse, sehnte sich danach, im Einklang mit sich und der Welt zu sein, wieder zu fischen und zu jagen, sehnte sich nach Alleinsein und Büchern, sehnte sich nach all dem, was für ihn leben bedeutete, und das waren zwei Dinge: Natur und Literatur.

Mit der Geschichte „The Big Two-Hearted River" zeigt er es. Dass er dafür eine von Flammen zerstörte Landschaft wählte, hat insofern Symbolcharakter, als er den Verlust auf sie überträgt, die ähnlich seiner selbst, ihre Unschuld durch

Feuer verlor. Seine neu erlangte Freiheit kann nur aus der Asche emporsteigen. Die Rückkehr in eine unzerstörte Welt wäre eine zurück in ein Paradies, das er verloren hat. Aber es gibt Hoffnung. Sie liegt in der Frage, für wie lange die Grashüpfer schwarz bleiben, was darauf hindeutet, dass die Auswirkungen der Katastrophe nicht ewig sind. Wie es auch der Fluss mit seinem intakten System und den großartigen Forellen darin verspricht.

Im weiteren Verlauf der Geschichte wird Nick von einem Gefühl der Zufriedenheit ergriffen. Er kann sich sein Essen auswählen, beschließen, wo er sein Bett aufschlägt, und trotz anstrengender Wanderung fühlt er sich glücklich, entscheiden zu können, wann er wohin gehen will. Zu seinem Glück fehlt nur noch die Erfüllung eines Hemingway-typischen Wunsches, nämlich ein Buch zu haben:

Er öffnete den Sack und schaute hinein auf die beiden großen lebenden Forellen im Wasser.

Durch das tiefer werdende Wasser, watete Nick hinüber zu dem hohlen Baumstamm. Er zog den Sack über seinen Kopf, die Forellen zappelten, als sie aus dem Wasser kamen, und er hing ihn so tief, dass die Forellen im Wasser waren. Dann zog er sich hoch auf den Baumstamm und setzte sich. Das Wasser aus seinen Hosen und Stiefeln lief in den Bach. Er legte seine Angel hin und bewegte sich zum schattigen Ende des Stamms und

nahm die belegten Brote aus seiner Tasche. Er tauchte die Brote in das kalte Wasser. Die Strömung trug die Krümel davon. Er aß die Brote und füllte seinen Hut mit Wasser, um zu trinken. Das Wasser lief direkt während des Trinkens durch seinen Hut.
Es war kühl im Schatten, während er auf dem Baumstamm saß. Er nahm sich eine Zigarette heraus und nahm ein Streichholz, um sie anzuzünden. Das Streichholz sank in das graue Holz, hinterließ eine winzige Furche. Nick beugte sich über die Seite des Stammes, fand ein hartes Stück und entzündete das Streichholz. Er saß rauchend und beobachtete den Fluss.
Vorn verengte sich der Fluss und ging in einen Sumpf über. Der Fluss wurde eben und tief, und der Sumpf sah solide aus, mit Zedern, deren Stämme dicht beieinander standen und starken Zweigen. Es würde nicht möglich sein, durch einen solchen Sumpf zu waten. Die Äste hingen zu tief. Man müsste sich fast gleichauf zum Boden bewegen, um vorwärts zu kommen. Man konnte nicht durch die Zweige stoßen. Deshalb mussten die Tiere, die im Sumpf lebten, so gebaut sein, wie sie waren, dachte Nick.
Er wünschte, er hätte etwas zu lesen mitgebracht. Er sehnte sich nach lesen. Er hatte keine Lust, in den Sumpf zu gehen. Er sah den Fluss hinab. Eine große Zeder lag schräg die ganze Breite über den Bach. Dahinter mündete der Fluss in den Sumpf.

Kapitel 9

Die Texte aus *The Nick Adams Stories* erzählen viel über Michigan. Im Gegensatz dazu hat er über Oak Park oder Chicago wenig geschrieben, obwohl er dort mehr Zeit verbrachte. Auch seine anderen Werke sind hauptsächlich von Michigan beeinflusst.

Die Antwort auf die Frage, warum das so ist, kann man aus den Geschichten selbst herauslesen: Weil er die Natur so liebte. Weil er, wie jeder Schriftsteller, nur über das schreiben wollte, was sein Herz berührte und was seine Gefühle betraf. Das übersetzte er in Worte. Mit dem Schreiben übersetzt ein Schriftsteller nur, was in ihm an Bildern vorhanden ist. Sie entstehen aus den Wahrnehmungen in jedem von uns. Die Autoren sind es, die das Bedürfnis verspüren, sie in Worte zu kleiden.

Oak Park und die Eindrücke dort vermittelten dem heranwachsenden Ernest vermutlich wenig Bilder, die es lohnten, aufgeschrieben zu werden. So ließ er es. Es gibt allerdings Stimmen, die meinen, er sei wegen möglicher negativer Auswirkungen davor zurückgeschreckt, falls er über

Familie, Freunde und deren Umgebung geschrieben hätte.

Das hört sich für mich nicht überzeugend an. Ich denke an die Leute aus Michigan: Marjorie Bump, Billy Tabeshaw, Prudence Boulton oder Jim und Liz Dilworth, um nur einige zu nennen. Für verborgene Symbolik, die seinen Werken immer wieder zugeschrieben wird, hat er in Chicago entweder nichts gefunden oder er ist, aber das ist nicht ganz ernst gemeint, seiner Theorie gefolgt und hat alles weggelassen.

Hemingway hat ebenfalls gesagt, dass, wer Kurzgeschichten schreiben kann, diese nicht erklären muss. Wer allerdings nicht schreiben kann, dem wird auch eine Erklärung niemals helfen. Das heißt, der Leser soll frei fantasieren können über das, was in der Geschichte oder hinter ihr verborgen ist. Bei „The Big Two-Hearted River" hat er allerdings eine Ausnahme gemacht und erklärt, dass es eine Menge Indianer in der Story gebe, die genauso wenig auftauchten wie der Krieg. „Wie man sehen kann", sagte er weiter, „ist es sehr einfach und leicht zu erklären."

Die Kritik tat sich anfangs sehr schwer mit der Geschichte. Vielleicht weil das Hintergrundwissen des Autors nicht erkannt wurde. Sie wurde 1925 erstmals in Paris, in der von Ernest Walsh und Ethel Moorhead herausgegebenen Zeitschrift

This Quarter, veröffentlicht. In der Geschichte passiert nichts, Hemingway schreibt ausschließlich von einer Angeltour. Aber gerade diese ist es, die den Heimkehrer die Wunden vergessen lässt, die der Krieg geschlagen hat. Dabei sind nicht in erster Linie die Wunden in Nicks Bein gemeint. Hemingway als sein Alter Ego Nick fühlt sich glücklich, nachdem er in Seney angekommen ist. Auch dies ein Zeichen. Später änderte sich die Kritik. Die Tiefe der Geschichte und ihre verborgene Symbolik offenbarten sich langsam. Heute wird sie ob ihres Symbolgehalts überwiegend gelobt. Der amerikanische Schriftsteller und Literaturkritiker Malcolm Cowley bezeichnete beispielsweise die „Angeltour" als Flucht vor einem Albtraum oder vor Realitäten, die zu einem Albtraum wurden.[21]

Seney ist immer noch ein ‚kleines Nest' am Highway 28, nicht viel größer als es vor neunzig Jahren war, und der Highway quert den Fox River, nördlich der Bahnlinie, die Hemingway beschreibt. Die Brücke von der aus er in den Fluss blickte und Forellen entdeckte, ist die in der Railroad Street. Von dort sah Nick Adams in klares Wasser, das vom steinigen Untergrund braun verfärbt war, und entdeckte Forellen, die sich mit leichten Flossenbewegungen ruhig in

---

[21] Malcolm Cowley, *The Portable Hemingway*, 1944.

der Strömung hielten. Ich stand einmal an derselben Stelle, sah in klares Wasser, das vom steinigen Untergrund braun verfärbt war, und entdeckte Forellen, die sich mit leichten Flossenbewegungen ruhig in der Strömung hielten. Ich war Hemingway in diesem Moment sehr nah. Schräg gegenüber befindet sich ein kleines Railroad-Museum, das wie ein ausrangierter Eisenbahnwaggon aussieht. Dort erwarte ich Exponate von Hemingway. Aber die vielen Male, die ich inzwischen daran vorbeigefahren bin (ich habe in der Nähe Freunde gefunden), war es immer geschlossen.

Eine verbrannte Landschaft hat Hemingway während seiner Aufenthalte in den Sommern 1919 und 1920 dort allerdings nicht vorgefunden. Waldbrände, die ganz Seney verwüsteten, sind für 1891 und 1895 belegt. Das mag ihn auf die Idee mit der zerstörten Stadt und verkohlten Landschaft gebracht haben, und das war kein schlechter Einfall. Geschrieben hat Hemingway die Geschichte erst 1924. Das ist literarisch deshalb interessant, weil er zu der Zeit versucht hat, seinen Schreibstil von dem eines Reporters zu dem eines Schriftsteller zu entwickeln.

Daran nicht unschuldig ist Gertrude Stein (1874–1946), eine in Paris lebende amerikanische Schriftstellerin. Sie erklärte, dass Journalismus dem belletristischen Schreiben diametral entgegengesetzt sei. Unter anderem, weil es den Schreiber bestärke, mehr zu informieren als zu erdichten, dabei sei es besser, mehr zu gestalten denn zu berichten.[22] Sie hat recht. Das expositorische Schreiben ist dem, was ich hier mit diesem Buch tue, angemessen. Einem fiktionalen nicht.

Hemingway hat großen Wert auf Gertrude Steins Anleitungen gelegt. Ein Vergleich von Texten über die Erlebnisse beim Angeln, die Hemingway im Jahre 1920 für den *Toronto Star* geschrieben hat, mit denen aus der Two-Hearted-River-Kurzgeschichte, zeigt, wie sehr er ihren Empfehlungen gefolgt ist. Er selbst sagt dazu, dass es einfach sei, so zu schreiben, seit er sie, Gertrude Stein, kenne.

Er hat sie zwei Monate nach seiner Hochzeit mit Hadley in Paris kennengelernt, wohin ihn der *Toronto Star* als Auslandskorrespondent geschickt hatte. Laut Hemingway war Gertrude Stein zumindest stilistisch an „The Big Two Hearted River" beteiligt.

Dass die Symbolik im Text nicht von vornherein mit Hemingways Kriegserlebnissen verbunden wurde, liegt nicht nur daran, dass er sie dort nicht erwähnt, sondern auch daran, dass er 1919/1920 noch mit anderen Problemen zu tun hatte.

---

[22] Constance Cappel, *Hemingway in Michigan*, S. 127.

Um nur die größten zu nennen: die Beziehung zu seiner Mutter und die Zurückweisung durch Agnes von Kurowsky.

Einer der Hemingway-Chronisten vertritt die Meinung, dass hinter der Symbolik in „The Big Two-Hearted River" ausschließlich die Mutter-Sohn-Problematik steckt. Er begründet dies mit den Glücksgefühlen, die Nick empfindet, als er sich sein Zelt aufgebaut hat und es als sein Heim bezeichnet, das er sich selbst erschaffen hat.

Hemingway, der die Big-Two-Hearted-River-Geschichte vier bis fünf Jahre nachdem er in Seney war, geschrieben hat, mag sich neben der Kriegsnarben auch der Vertreibung aus dem Elternhaus und des schwierigen Verhältnisses zu seiner Mutter erinnert haben, das ein Leben lang anhielt. Es ist vorstellbar, dass er das heimelige Zelt, in dem er sich in seinen Schlafsack kuscheln konnte, als besonderes Heim angesehen hat.

Das kann aus seinen Formulierungen verstanden werden, wenn er schreibt, dass er alle Notwendigkeiten, alle Nöte hinter sich gelassen hatte, unabhängig und frei war und sich an dem erfreuen konnte, was er am meisten liebte: dem Angeln an einem der schönsten Creeks in Michigan.

Ich denke allerdings nicht, dass ihn allein das Erlebnis mit der Mutter, als sie ihm die Tür wies, zum Schreiben inspiriert hat. Schließlich war er nicht direkt danach zum Angeln gefahren. Vielmehr bereits ein Jahr zuvor. Zwar im Spätsommer 1920 erneut, aber da lebte er bereits einige Zeit allein in Horton Bay. Ich kann nicht erkennen, wie die Freiheitssymbolik dazu passt.

Ich denke, er hatte seine Mutter ‚einfach satt', und das Zerwürfnis hat ihn nicht sonderlich belastet.

Man kann anderer Meinung sein. Wenn der erwähnte Chronist – Kenneth S. Lynn – die Symbolik mit der häuslichen Situation verbindet und sie anders wertet, kritisiere ich ihn nicht dafür. Seine Theorie wirkt auf mich jedoch ‚herbeigeholt' und gründet auf Zwänge, die Nick hinter sich gelassen hat, die Lynn neben dem „Denken Müssen" und dem „Schreiben Müssen" noch „manches andere Muss" beschreibt. Aber der Auffassung, Nick käme es darauf an, die Kriegserlebnisse vergessen zu lassen, stellt er gegenüber, in der Geschichte sei vom Krieg nicht die Rede.

Ich hatte gerade dargelegt, warum Hemingway den Krieg nicht erwähnt hat, und das weiß Mr. Lynn auch. Hemingway selbst hat den Grund genannt. Er habe den Krieg absichtlich weggelassen und gleichzeitig gesagt, die Geschichte habe mit der Heimkehr aus dem Krieg zu tun: „Die Geschichte handelt von einem Jungen, der

nach Hause kommt, um den Krieg zu vergessen. Der Krieg, alle Äußerungen vom Krieg, alles über den Krieg, ist weggelassen."
Aber das ficht Lynn nicht an. Diese posthum veröffentlichte Erläuterung des Autors lässt ihn nur erklären, für ihn habe Hemingway, „der Meister der Manipulation, noch aus dem Grab heraus", das „Rezensenten-Klischee" bedient.
Dass Hemingway nicht die Wahrheit sagt, wenn er vom Kriegsleiden schreibt, ist möglich. Immerhin stammt von ihm die Behauptung, alle Schriftsteller seien Lügner. Das schließt ihn ein. Aber Lynn ist rechthaberisch. Nicht nur hier hält er an seiner Theorie fest, obwohl nichts dafür spricht. Er tat es ebenso – wir erinnern uns – mit der weiblichen Person in „Das Ende von Etwas", in der er Hadley zu erkennen glaubt, obwohl aus einem Brief Hemingways hervorgeht, dass sie es nicht ist.
Hemingway vermischte häufig Wahrheit und Fiktion. Das beweist aber nichts. Hemingway hat in seinem Leben immer erzählt, der Erste Weltkrieg habe ihn „eine Menge Schlaf gekostet". Hinzugefügt hat er, und das war er seinem Anspruch als Mann schuldig, dass er die Schlaflosigkeit überwunden habe und jetzt in bester Verfassung sei.
Diese Ausführungen finden sich in Lynns Biografie, und er selbst stellt einen Zusammenhang

mit Hemingways unbewältigten Kriegserlebnissen und der schlechten Verfassung her, wenn er über ihn schreibt: „... weigerte sich ... deswegen ärztliche Hilfe in Anspruch zu nehmen", und meint damit Hemingways Zustand seit Ende der 1940er-Jahre. Er fügt hinzu: „An Hemingways schlechter Verfassung kann man erkennen, was von seinen Prahlereien, dass er die Schlaflosigkeit überwunden habe, zu halten ist."

Der Biograph glaubt Hemingway (zurecht) nicht. Wenn er aber erkannt hat, dass er mit der Überwindung seines Kriegstraumas nur geprahlt hatte, warum erscheint es ihm dann nicht möglich, dass er dies in „The Big Two Hearted River" versucht hat, zu verarbeiten?

Inzwischen ist allgemeines Wissen, das Traumata, wie beispielsweise Posttraumatische Belastungsstörungen, ein Leben lang andauern können. Auch anerkannt ist, dass die Betroffenen teilweise erst viele Jahre oder Jahrzehnte später in der Lage sind, sich ihrem Zustand zu stellen. Selbst einem Geschichtenerzähler wie Hemingway kann man abnehmen, was er in einem Brief vom 25. August 1948 an Malcolm Cowley schreibt, dass er: „Im Krieg rundherum schwer verletzt wurde und am Ende mit den Nerven völlig fertig war."

Posttraumatische Belastungsstörung wurde erst nach dem Vietnamkrieg als Kriegsfolge bekannt, und die Soldaten sorgten erst im Jahre 1980 dafür, dass dieses Leiden in das offizielle Handbuch für psychische Störungen aufgenommen wurde. Das änderte allerdings nicht die Wahrnehmung in der Gesellschaft, Veteranen, die sich daraufhin behandeln lassen, als ‚Weicheier' anzusehen. Wie viel mehr muss das zuvor im Anschluss an frühere Kriege gegolten haben. Auch wenn diese Auswirkungen erst seit den Achtzigerjahren des letzten Jahrhunderts ernst genommen werden, heißt es nicht, dass es sie vorher nicht gegeben hat,

Ernest Hemingway mag für Alkoholismus prädestiniert gewesen sein, und sein Alkoholkonsum vor dem Krieg könnte als Beleg dafür gelten. Er begann bereits als Jugendlicher zu trinken, genauer gesagt mit 15, wie er selbst zugegeben hat. Auch, dass nur wenige Dinge ihm mehr Vergnügen bereitet haben. Aber das Heranwachsende eine Vorliebe für Alkohol und alkoholische Exzesse haben, ist nicht neu. Dennoch werden die meisten von ihnen keine Alkoholiker, sodass dies kein Indikator allein ist. Hinzukommen müssen Ereignisse, durch die sich die Anlagen zum Alkoholismus zur Abhängigkeit entfalten können. Einen Zusammenhang zwischen einer Posttraumatischen Belastungsstörung und Alkoholismus wird man nicht ernsthaft widerlegen können.

Ob diese in Zusammenhang mit den häuslichen Problemen die Alkoholsucht in Hemingway begründet haben, weiß man nicht.

Das Leben Ernest Hemingways hat noch vor seinem 19. Geburtstag eine entscheidende Zäsur erfahren, die als Ursache für sein gesamtes späteres Verhalten angesehen werden kann. Seine Kindheit und Jugend (Elternhaus und Kriegsverletzung) begünstigen ein späteres Suchtverhalten.

Der Aufenthalt in Europa, im Ersten Weltkrieg, besser gesagt die Kriegsverletzung, war der Anlass für eine andere Verletzung, die er sich in jungen Jahren zugezogen hatte, nämlich die Verletzung seines Herzens. Die Liebe zu Agnes von Kurowsky, die so unverblümt zurückgewiesen wurde. Sie hatte ihn wortwörtlich nicht als Mann anerkannt, seine Liebe blieb unerfüllt, und er stürzte in eine Depression. Diese Erfahrung sollte ihn jahrelang nicht loslassen.

1926 erscheint der Roman *Fiesta*, der auf den Erlebnissen Hemingways im Schriftstellermilieu im Paris der 1920er-Jahre und im spanischen Pamplona des Jahres 1924 basiert. In ihm gibt es jedoch auch die Szene, wie der Ich-Erzähler, der Schriftsteller Jacob Barnes, an der Italienfront des Ersten Weltkriegs schwere Verletzungen erleidet. Im Lazarett lernt er die Krankenschwester Brett kennen und verliebt sich in sie.

Noch mehr aber adaptiert Hemingway das Andenken an seine unerfüllte Liebe im drei Jahre darauf veröffentlichten Buch *In einem anderen Land*.

Dort hat der Protagonist, Frederic Henry, zwar Respekt vor dem Krieg im Allgemeinen, nimmt aber für sich selbst in Anspruch, dass er wisse, er würde nicht sterben:

Nicht in diesem Krieg. Es hat nichts mit mir zu tun.

Henrys Welt ist einfach, weshalb er sich nur wenig um den Krieg kümmert. Passini, ein anderer Charakter in dem Roman, ist sein genaues Gegenteil. Er protestiert vehement gegen den Krieg. Möchte, dass er zu Ende geht. Hofft, die Österreicher mögen müde werden und verschwinden. Beim Granatwerferangriff wird Passini getötet und Henry schwer verletzt. Der Priester Rinaldi besucht Henry im Lazarett und teilt ihm mit, er würde eine Tapferkeitsmedaille bekommen. Dieser Priester hieß im wirklichen Leben Don Giuseppe Bianchi, und Ernest hatte sich mit ihm während seines Aufenthalts in Italien angefreundet.

Im Roman wird Henry schließlich in ein Lazarett nach Mailand verlegt, genau wie Ernest in der Wirklichkeit. Dort verliebt er sich in die Krankenschwester Catherine. Die Liebe wird erwidert. Während Catherines Nachtdienst kommt es trotz Frederics Verwundungen zum Beischlaf.

Catherine wird schwanger. Als Frederic aus dem Hospital entlassen wird, verbringen beide noch ein paar Stunden in einem komfortablen Mailänder Hotel. Dann muss Frederic zurück zur Truppe. Anschließend wird er in kriegerische Handlungen verwickelt, die in chaotischen Verhältnissen münden. Er besorgt sich Zivilkleidung, sucht und findet Catherine am Lago Maggiore, muss jedoch fürchten, als Deserteur verhaftet zu werden und flüchtet deshalb mit ihr über den See in die Schweiz. Catherine will sich erst nach ihrer Niederkunft trauen lassen. Während der Entbindung entstehen Komplikationen. Der kleine Junge kommt tot zur Welt, und Catherine stirbt an inneren Blutungen.

Die Liebe der beiden Protagonisten wird sehr direkt und zugleich in lyrischer Empfindsamkeit beschrieben. Martha Gellhorn, Hemingways dritte Ehefrau, änderte seinerzeit (sie kannte ihn noch nicht persönlich), nachdem sie das Buch gelesen hatte, ihre zuvor ablehnende Meinung über ihn. Hemingway und Gellhorn hatten sich Weihnachten 1936 kennengelernt. Sie war mit Mutter und Bruder nach Key West, Florida, gefahren. Eines Abends nahmen sie einen Drink in einer Bar namens *Sloppy Joe's*. Dort saß er: „Ein großer, schmutziger Mann in unordentlichen, verdreckten weißen Shorts und Hemd – Hemingway."

So traf sie den Mann, über den sie im Sommer 1930 in einem Brief noch geschrieben hatte: „Andererseits denke ich, dass Hemingway ziemlich faul ist bezüglich dessen, was er in *In Unserer Zeit* gemacht hat. Die Geschichte handelt von einem Ex-Freund von mir, der mit ihm Skilaufen war. Hemingway stellt ihn als undeutliche, einfache Gestalt dar, weil Hemingway nicht weiß, wie man spricht. Der andere Typ allerdings kann eine ganze Nacht in gestochenen Wörtern reden. Deswegen bin ich nicht beeindruckt. Aber wie auch immer, Hemingway hat meinen Schreibstil beeinflusst, was wirklich schade ist. Aber so ist er nun einmal."[23]

Dem Roman *In einem anderen Land* attestierte sie Gefühle, die sie bei Hemingway nicht erwartet hätte. 1931 schreibt sie Stanley Pennell, ihrem früheren Englischlehrer, der sich später auch einen Namen als Schriftsteller gemacht hat: „Inzwischen habe ich meine Meinung über Hemingway geändert. Unglaublich, nicht wahr? Erinnerst Du Dich an *In einem anderen Land*? Der Held spricht zu der Frau, die über irgendetwas besorgt ist, und er sagt: ‚Du bist mutig. Nichts ist jemals denen passiert, die Mut haben.' Das sagt irgendwie alles – eine ganze Philosophie – ein Banner – ein Lied – und eine Liebe."[24]

---

[23] Caroline Moorhead, *Selected Letters from Martha Gellhorn*, S. 8.
[24] Caroline Moorhead, *Selected Letters from Martha Gellhorn*, S. 11.

Wie so oft hat Hemingway, dieser übermännlich wirkende Kerl, durch die Darstellung von Gefühlen überzeugt, die in der ihm eigenen kurzen, knappen Schreibform umso eindringlicher wirkten.

Wenn er auch im wirklichen Leben den rabiaten Helden spielte, blitzt in seinen Werken immer wieder seine sensible Seele auf. Die Liebe zur Krankenschwester Agnes mag deshalb ungewöhnlich gewesen sein, weil sie acht Jahre älter war als Ernest. Auch seine erste Frau Hadley war acht Jahre älter, und man darf vermuten, dass dies etwas mit seinem gestörten Verhältnis zu seiner Mutter zu tun hatte. Hat er vielleicht anfangs so etwas wie eine Mutter-Persönlichkeit gesucht, die ihm als Kind gefehlt hat? Das könnte sein. Es würde allerdings mit seinem Männlichkeitswahn konkurrieren, mit dem er sich als die Nummer eins in jeder Beziehung sieht. Dieser Wahn geht soweit, dass er seiner Frau beibringen musste, wie sie richtig zu küssen hat, wie er in der Erzählung *Hochzeitstag* beschreibt, die sehr eindeutig seine erste Hochzeit in Horton Bay als Grundlage hat.

Ende 1920, Hemingway lebte wieder in Chicago, aber nicht bei seinen Eltern, lernte er durch Kate Smith deren Freundin, Hadley Richardson, aus St. Louis kennen.

Kate hatte Hadley nach Chicago eingeladen, um ihr die Trauer um den Tod der Mutter, die kurz zuvor verstorben war, zu erleichtern. Hemingway, der inzwischen für den *Toronto Star* Geschichten schrieb, verliebte sich, und bald war klar, dass er sie heiraten würde, auch wenn er seine Zweifel hatte. Er fand es wäre zu früh. Seinem Freund Bill Smith vertraute er in einem Brief an, dass er „fast am Durchdrehen" sei, bei den Gedanken an all die Angeltouren in Michigan, die er als Junggeselle gemacht habe und nie wieder machen könne.

Michigan war sein Paradies, und deshalb wählte er das dort gelegene Horton Bay als Ort seiner Hochzeit mit seiner ersten Frau aus. Die Vermählung markierte eine Zäsur in seinem Leben. Deshalb kehrte er danach nie mehr dorthin zurück. Alle Erlebnisse, durch die Michigan zu seinem Garten Eden geworden war, gehörten jetzt nicht mehr zu seinem Leben, und er wollte sie ungestört in seiner Erinnerung behalten. Er selbst drückte es so aus: „Ich wurde immer enttäuscht von Plätzen, zu denen ich zurückgekehrt bin, ich habe derart liebevolle Erinnerungen an den Norden Michigans, die ich mir nicht zerstören lassen wollte."[25]

---

[25] James Barron, *Up in Michigan*, 24. November 1985.

Wenn der junge Ernest auch seine Zweifel hatte und bereits im Voraus die Angeltouren mit den Freunden zu vermissen begann: Die Liebe war stärker. Außerdem war beim ersten Zusammentreffen von Ernest und Hadley in Chicago nicht nur Hadley auf Ernest aufmerksam geworden, weil er „so gut aussah", sondern Hadley hat auch auf Hemingway sofort Eindruck gemacht. Sie jedenfalls erzählte: „*Ernest hat jemandem Jahre später gesagt, dass, als ich in den Raum kam und im Eingang stand, er wusste, das ist das Mädchen, das ich heiraten werde.*"[26]

Bemerkenswert ist, dass er für die Hochzeit Horton Bay in Michigan ausgesucht hat. Dass er es tat und die Hochzeit nicht in Oak Park stattfinden ließ, lag nicht an den Spannungen innerhalb seiner Familie, sondern an seiner Liebe zur Gegend um Horton Bay. Natürlich nutzte Hemingway, wie konnte es anders sein, seine Rückkehr nach Michigan anlässlich seiner Hochzeit auch zu einem Angelausflug. Als der Bräutigam am 28. August am Walloon Lake ankam, brach er sofort zu einer Dreitagestour zum nahe gelegenen Sturgeon River auf. Auch, weil er dachte, dass sich Anfang September nicht allzu viele Leute in Horton Bay aufhalten würden, aber

---

[26] Constance Cappel, *Hemingway in Michigan*, S. 177.

höchstwahrscheinlich all diejenigen, die er bei seiner Hochzeit gern dabei hätte.

Er hatte all seine Freunde zur Feier eingeladen, und es war höchstwahrscheinlich die größte Veranstaltung, die es in Horton Bay jemals gegeben hatte. Ernest Eltern waren anwesend. Ernests Schwester Marcelline hat später über die Hochzeit geschrieben, aber Ursula, seine Lieblingsschwester, meinte zu den Ungenauigkeiten im Text: „Marcelline kann keine genaue Beschreibung von Ernests Hochzeit mit Hadley geben, weil sie nicht da war. Carol, Leicester und ich waren die einzigen Geschwister, die dort waren."[27]

Die Eheschließung hätte auch in St. Louis stattfinden können, der Heimat von Hadley. Eine örtliche Zeitung hatte sogar schon darüber berichtet. Hemingway aber dachte gar nicht daran, sondern machte sich einen Spaß daraus, die Leute zu verwirren. An seinem 22. Geburtstag schrieb er in einem Brief: *„Aber wir werden sie hinters Licht führen und in der kleinen Spielzeugkirche an der Bay heiraten."*

Die „kleine Spielzeugkirche" gibt es nicht mehr in Horton Bay. Die Flitterwochen verbrachte man in Windemere. In der Geschichte „Hochzeitstag" geht Hemingway darauf ein. Dort wird

---

[27] Constance Cappel, *Hemingway in Michigan*, S. 175.

das Paar von einem Dorfbewohner, John Kotesky, in dessen Ford zum See gefahren. Hemingway schreibt:

Nick gab John Kotesky fünf Dollars und Kotesky half ihm, das Gepäck zum Ruderboot zu tragen. Sie schüttelten sich zum Abschied die Hände, und Kotesky fuhr mit seinem Ford die Straße zurück. Sie konnten ihn noch eine lange Zeit hören. Während Helen beim Boot auf ihn wartete, suchte Nick die Ruder, die sein Vater für ihn bei den Pflaumenbäumen hinter dem Eishaus versteckt hatte. Schließlich fand er sie und trug sie zum Ufer. Es war ein langer Turn über den See in der Dunkelheit. Die Nacht war drückend heiß. Keiner von ihnen sprach viel. Einige Leute hatten die Hochzeit verdorben. Nick legte sich in die Riemen, als er sich dem Ufer näherte und schoss mit dem Boot auf den Strand. Er zog es höher hinauf und Helen stieg aus. Nick küsste sie. Sie küsste ihn fest zurück, wie Nick es ihr beigebracht hatte, mit etwas geöffnetem Mund, damit ihrer beider Zungen sich umspielen konnten. Sie pressten sich aneinander und gingen dann zur Hütte. Der Weg war lang und dunkel. Nick entriegelte die Tür und ging noch einmal zurück zum Boot, um das Gepäck zu holen. Er machte Licht an und beide schauten sich um.

Das klingt sehr romantisch, aber die Flitterwochen standen unter keinem guten Stern. Das Wetter war schlecht, und beide bekamen eine Erkältung.

Bei einem Ausflug nach Petoskey hatte Hemingway die Idee, seiner frisch angetrauten Ehefrau Freunde vorzustellen, unter anderem Marjorie. Das indessen kam bei ihr gar nicht gut an. Nach zwei Wochen waren die jungen Eheleute froh, das Ferienhaus verlassen und nach Chicago zurückfahren zu können.

Wie ich schrieb, die meisten der von Hemingway beschriebenen Häuser an der Straße von Boyne City nach Charlevoix stehen noch.

Die Straße ist nicht stark frequentiert, und man kann sich dort vorstellen, wie er, vielleicht mit einer seiner Schwestern oder seinem Freund Bill Smith, in den Horton General Store ging, um etwas zu kaufen oder davor auf der Veranda saß. Oder wie er, ein Haus weiter, im Fox Inn seinen Kumpel Vollie Fox zum Fischen abholte oder quer über die Straße ins Pinehurst Cottage zu Jim und Liz Dilworth ging.

Am Besten stellt man ihn sich unten am Dock der Lake Street vor. Dem „Point" wie der Platz genannt wurde. Am besten tut man es ihm nach und lässt sich dort mit einer Angel nieder.

Vielleicht bringt man das Buch *The Nick Adams Stories* mit, schlägt es auf und vertieft sich in die Beschreibung der Landschaft. Dringt ein in eine ferne Zeit durch die unvergänglichen Sätze eines lebenshungrigen jungen Mannes. Erkennt schon in seinen ersten Texten das literarische Potenzial, das ihn dereinst zu einem der einflussreichsten amerikanischen Schriftsteller des 20. Jahrhunderts werden ließ.